이렇게 기막힌 적중률

컴퓨터활용능력 2급
필기 기본서
기출공략

"이" 한 권으로 합격의 "기적"을 경험하세요!

YoungJin.com Y.
영진닷컴

차례

대표 기출 40선

상시 기출문제

상시 기출문제 정답 & 해설

구매 인증 PDF

제1~5회 CBT 모의고사
시험지 + 정답&해설 PDF

시험장까지 함께 가는
핵심 요약 PDF

※ **참여 방법** : '이기적 스터디 카페' 검색 → 이기적 스터디 카페(cafe.naver.com/yjbooks) 접속 → '구매 인증 PDF
증정' 게시판 → 구매 인증 → 메일로 자료 받기

기출공략집

1과목 컴퓨터 일반

참고 파트01-챕터01-섹션01   ▶합격 강의

01 | Windows의 특징 및 새로운 기능

- 그래픽 사용자 인터페이스(GUI) 환경의 운영체제로 설치 시 32Bit와 64Bit 모두 지원됨
- **자동 감지 설치(PnP : Plug & Play) 지원** : 컴퓨터에 장치를 연결하면 자동으로 장치를 인식하여 장치 드라이버를 설치함
- **핫 스왑(Hot Swap)** : 전원을 켠 상태에서 컴퓨터 시스템의 장치를 연결하거나 분리할 수 있는 기능
- **선점형 멀티태스킹(Preemptive Multi-Tasking) 지원** : 운영 체제가 CPU를 미리 선점하여 특정 프로그램에 문제가 발생해도 시스템 전체가 다운되지 않음
- **NTFS 파일 시스템 지원** : 대용량의 하드디스크를 하나의 드라이브로 사용할 수 있고, 디스크 공간의 낭비를 줄일 수 있음
- **사용자 전환 기능** : 현재 사용자가 로그오프하지 않아도 다른 사용자 이름으로 로그온할 수 있음
- 원격 지원, 시스템 복원, 방화벽 내장 기능이 있음
- **에어로 피크(Aero Peek)** : 작업 표시줄에서 실행 중인 프로그램의 아이콘에 마우스 포인터를 위치시키면 축소 형태의 미리 보기가 나타나거나 작업 표시줄 오른쪽 끝의 [바탕 화면 보기]에 마우스를 위치시키면 바탕화면이 나타나고 클릭하면 모든 창을 최소화하는 기능(▦+D)

다음 중 Windows의 에어로 피크(Aero Peek) 기능에 대한 설명으로 옳은 것은?

① 파일이나 폴더의 저장된 위치에 상관없이 종류별로 파일을 구성하고 파일에 액세스할 수 있게 한다.
② 모든 창을 최소화할 필요 없이 바탕 화면을 빠르게 미리 보거나 작업 표시줄의 해당 아이콘을 가리켜서 열린 창을 미리 볼 수 있게 한다.
③ 바탕 화면의 배경으로 여러 장의 사진을 선택하여 슬라이드 쇼 효과를 주면서 번갈아 표시할 수 있게 한다.
④ 작업 표시줄에서 프로그램 아이콘을 마우스 오른쪽 단추로 클릭하여 최근에 열린 파일 목록을 확인할 수 있게 한다.

참고 파트01-챕터01-섹션01   ▶합격 강의

02 | 바로 가기 키(Shortcut Key)

F2	선택한 항목 이름 바꾸기
F3	파일 탐색기에서 파일 또는 폴더 검색
F4	파일 탐색기의 주소 표시줄 목록 표시
F5	활성 창 새로 고침
F6	창이나 바탕 화면의 화면 요소들을 순환
F10	활성 앱의 메뉴 모음 활성화
Alt + F4	활성 항목을 닫거나 활성 앱을 종료
Alt + Tab	열려 있는 앱 간 전환
Alt + Esc	항목을 열린 순서대로 선택
Alt + Enter	선택한 항목의 속성 창을 표시
Ctrl + Esc	시작 화면 열기
Ctrl + Shift + Esc	작업 관리자 열기
Shift + F10	선택한 항목에 대한 바로 가기 메뉴 표시
Shift + Delete	휴지통에 버리지 않고 바로 삭제
▦	시작 화면 열기 또는 닫기
▦ + Pause	시스템 속성 대화 상자 표시
▦ + L	PC를 잠그거나 계정을 전환
▦ + D	바탕 화면 표시 및 숨김
▦ + T	작업 표시줄의 앱을 순환
▦ + E	파일 탐색기 열기
▦ + R	실행 대화 상자 열기

다음 중 한글 Windows에서 사용하는 바로 가기 키에 대한 설명으로 옳지 않은 것은?

① Shift + F10 : 선택된 항목의 바로 가기 메뉴 표시
② Shift + Delete : 휴지통에 버리지 않고 바로 삭제하기
③ Ctrl + Esc : 실행 메뉴 부르기
④ Ctrl + Shift + Esc : 작업 관리자

정답 01 ② 02 ③

참고 파트01-챕터01-섹션02 ▶합격 강의

03 | 바로 가기 아이콘

- 원본 프로그램에 대한 연결 정보를 가지고 있는 아이콘으로 왼쪽 아래에 화살표가 표시됨

- 아이콘을 실행하면 연결된 프로그램이 실행되며, 바로 가기의 확장자는 '*.lnk'임
- 바로 가기를 삭제해도 연결된 프로그램은 삭제되지 않음
- 바로 가기 아이콘의 [속성]-[일반] 탭에는 바로 가기 아이콘의 위치, 이름, 크기, 수정된 날짜 등의 정보가 표시됨
- **바탕 화면에 바로 가기 아이콘을 만드는 방법** : [파일 탐색기] 창에서 실행 파일을 Ctrl + Shift 를 누른 상태로 바탕 화면에 드래그 앤 드롭

다음 중 한글 Windows의 바탕화면에 있는 바로 가기 아이콘에 관한 설명으로 옳지 <u>않은</u> 것은?

① 바로가기 아이콘의 왼쪽 아래에는 화살표 모양의 그림이 표시된다.

② 바로 가기 아이콘을 삭제하면 연결된 실제의 대상 파일도 삭제된다.

③ 바로 가기 아이콘의 속성 창에서 연결된 대상 파일을 변경할 수 있다.

④ 바로가기 아이콘의 이름, 크기, 형식, 수정한 날짜 등의 순으로 정렬하여 표시할 수 있다.

참고 파트01-챕터01-섹션03 ▶합격 강의

04 | 휴지통

- 작업 도중 삭제된 자료들이 임시로 보관되는 장소로, 필요한 경우 복원이 가능함
- 각 드라이브마다 따로 설정이 가능
- 복원시킬 경우, 경로 지정을 하지 않아도 자동으로 원래 위치로 복원됨
- 휴지통 내에서의 데이터 실행 작업은 불가능
- **휴지통에 보관되지 않고 완전히 삭제되는 경우**
  - 플로피 디스크나 USB 메모리, DOS 모드, 네트워크 드라이브에서 삭제한 경우
  - 휴지통 비우기를 한 경우
  - Shift + Delete 로 삭제한 경우
  - [휴지통 속성]의 [파일을 휴지통에 버리지 않고 삭제할 때 바로 제거]를 선택한 경우
  - 바로 가기 메뉴에서 Shift 를 누른 채 [삭제]를 선택한 경우
  - 같은 이름의 항목을 복사/이동 작업으로 덮어 쓴 경우

다음 중 파일 삭제 시 파일이 [휴지통]에 임시 보관되어 복원이 가능한 경우는?

① 바탕 화면에 있는 파일을 [휴지통]으로 드래그 앤 드롭하여 삭제한 경우

② USB 메모리에 저장되어 있는 파일을 Delete 로 삭제한 경우

③ 네트워크 드라이브의 파일을 바로 가기 메뉴의 [삭제]를 클릭하여 삭제한 경우

④ [휴지통 속성]의 [파일을 휴지통에 버리지 않고 삭제할 때 바로 제거]를 선택한 경우

참고 파트01–챕터02–섹션01

 합격 강의

05 | 설정

- **개인 설정** : 바탕화면 아이콘 설정, 마우스 포인터 변경, 테마, 바탕 화면 배경, 창색, 소리, 화면 보호기
- **디스플레이** : 화면 해상도 조정, 텍스트 및 기타 항목의 크기 변경
- **시스템의 정보** : 컴퓨터 시스템 정보 확인(Windows 버전, 프로세서(CPU)의 종류, RAM 용량, 시스템 종류, 컴퓨터 이름, Windows 정품 인증 등)
- **접근성** : 사용자의 시력, 청력, 기동성에 따라 컴퓨터 설정을 조정하고 음성 인식을 사용하여 음성 명령으로 컴퓨터를 조정함

다음 중 Windows의 [개인 설정]에서 설정할 수 있는 기능으로 옳지 않은 것은?

① 화면 보호기
② 마우스 포인터 변경
③ 바탕 화면 배경
④ 화면 해상도 조정

참고 파트01–챕터02–섹션02

 합격 강의

06 | 네트워크 명령어

- ⊞ + R [실행]에서 『CMD』를 입력하여 실행
- 명령어는 대 · 소문자 상관없이 사용할 수 있음

명령	기능
ipconfig	사용자 자신의 컴퓨터 IP 주소를 확인하는 명령
ping	네트워크의 현재 상태나 다른 컴퓨터의 네트워크 접속 여부를 확인하는 명령
tracert	네트워크에 연결된 컴퓨터의 경로(라우팅 경로)를 추적할 때 사용하는 명령

다음 중 Windows의 [명령 프롬프트] 창에서 원격 장비의 네트워크 연결 상태 및 작동 여부를 확인할 때 사용하는 명령어로 옳은 것은?

① echo
② ipconfig
③ regedit
④ ping

참고 파트01–챕터03–섹션02

 합격 강의

07 | 연산 속도 단위

연산 속도(느린순 → 빠른순) : ms → μs → ns → ps → fs → as
- ms(milli second, 밀리세컨) : 10^{-3}초
- μs(micro second, 마이크로세컨) : 10^{-6}초
- ns(nano second, 나노세컨) : 10^{-9}초
- ps(pico second, 피코세컨) : 10^{-12}초
- fs(femto second, 펨토세컨) : 10^{-15}초
- as(atto second, 아토세컨) : 10^{-18}초

다음 중 컴퓨터의 처리 시간 단위가 빠른 것에서 느린 순서로 바르게 나열된 것은?

① ps－as－fs－ns－ms－μs
② as－fs－ps－ns－μs－ms
③ ms－μs－ns－ps－fs－as
④ fs－ns－ps－μs－as－ms

참고 파트01–챕터03–섹션03

 합격 강의

08 | 취급 데이터에 따른 분류

분류	디지털 컴퓨터	아날로그 컴퓨터
취급 데이터	숫자, 문자 등의 셀 수 있는 데이터	전류, 온도, 속도 등의 연속적인 물리량
구성 회로	논리 회로	증폭 회로
주요 연산	사칙 연산	미적분 연산
연산 속도	느림	빠름
정밀도	필요한 한도까지	제한적(0.01%까지)
기억 장치/프로그램	필요함	필요 없음

디지털 컴퓨터와 아날로그 컴퓨터의 장점만을 조합한 컴퓨터 → 하이브리드 컴퓨터

다음 중 디지털 컴퓨터와 아날로그 컴퓨터의 차이점에 관한 설명으로 옳은 것은?

① 디지털 컴퓨터는 전류, 전압, 온도 등 다양한 입력 값을 처리하며, 아날로그 컴퓨터는 숫자 데이터만을 처리한다.
② 디지털 컴퓨터는 증폭 회로로 구성되며, 아날로그 컴퓨터는 논리회로로 구성된다.
③ 아날로그 컴퓨터는 미분이나 적분 연산을 주로 하며, 디지털 컴퓨터는 산술이나 논리 연산을 주로 한다.
④ 아날로그 컴퓨터는 범용이며, 디지털 컴퓨터는 특수 목적용으로 많이 사용된다.

정답 05 ④ 06 ④ 07 ② 08 ③

09 | 자료의 단위

- **자료의 크기** : 비트(Bit)<니블(Nibble)<바이트(Byte)<워드(Word)<필드(Field)<레코드(Record)<파일(File)<데이터베이스(Database)
- **비트(Bit)** : 정보 표현의 최소 단위로 2진수 0 또는 1을 나타냄
- **니블(Nibble)** : 4개의 Bit로 구성, $2^4(=16)$개의 정보를 표현할 수 있음
- **바이트(Byte)** : 문자를 표현하는 기본 단위로, 8개의 Bit로 구성됨
- **워드(Word)** : 바이트의 모임으로 컴퓨터 내부의 명령 처리 단위

Half Word	2Byte
Full Word	4Byte(=1Word)
Double Word	8Byte

- **필드(Field)** : 파일 구성의 최소 단위로, 아이템(Item) 또는 항목이라고 함
- **레코드(Record)** : 하나 이상의 필드들이 모여서 구성된 자료 처리 단위
- **파일(File)** : 여러 개의 레코드가 모여 구성되며, 디스크의 저장 단위로 사용함
- **데이터베이스(Database)** : 파일들의 집합으로 중복을 제거한 통합된 상호 관련 있는 데이터의 집합

다음 중 컴퓨터에서 사용하는 자료 표현 형식에 관한 설명으로 옳지 <u>않은</u> 것은?

① 비트(Bit)는 자료 표현의 최소 단위이며, 8Bit가 모여 니블(Nibble)이 된다.
② 워드(Word)는 바이트 모임으로 하프워드, 풀워드, 더블 워드로 분류된다.
③ 필드(Field)는 자료 처리의 최소 단위이며, 여러 개의 필드가 모여 레코드(Record)가 된다.
④ 데이터베이스(Database)는 레코드 모임인 파일(File)들의 집합을 말한다.

10 | 문자 표현 코드

BCD 코드 (2진화 10진)	• Zone은 2비트, Digit는 4비트로 구성됨 • 6비트로 2^6=64가지의 문자 표현이 가능함 • 영문자의 대소문자를 구별하지 못함
ASCII 코드 (미국 표준)	• Zone은 3비트, Digit는 4비트로 구성됨 • 7비트로 2^7=128가지의 표현이 가능함 • 일반 PC용 컴퓨터 및 데이터 통신용 코드 • 대소문자 구별이 가능함 • 확장 ASCII 코드는 8비트를 사용하여 256가지의 문자를 표현함
EBCDIC 코드 (확장 2진화 10진)	• Zone은 4비트, Digit는 4비트로 구성됨 • 8비트로 2^8=256가지의 표현이 가능함 • 확장된 BCD 코드로 대형 컴퓨터에서 사용되는 범용 코드
유니코드(Unicode)	• 2바이트 코드로 세계 각 나라의 언어를 표현할 수 있는 국제 표준 코드 • 한글의 경우 조합, 완성, 옛 글자 모두 표현 가능함 • 16비트이므로 2^{16}인 65,536자까지 표현 가능함

※ **해밍 코드(Hamming Code)** : 에러 검출과 교정이 가능한 코드로, 최대 2비트까지 에러를 검출하고 1비트의 에러 교정이 가능한 방식

다음 중 개인용 컴퓨터에서 정보통신용으로 가장 많이 사용되는 코드로 3개의 Zone 비트와 4개의 Digit 비트로 구성된 코드는?

① BINARY
② BCD
③ EBCDIC
④ ASCII

11 | 제어 장치

구성 장치	기능
프로그램 카운터 (Program Counter)	다음에 수행할 명령어의 번지 (주소)를 기억하는 레지스터
명령 해독기 (Instruction Decoder)	수행해야 할 명령어를 해석하여 부호기로 전달하는 회로
번지 해독기 (Address Decoder)	명령 레지스터로부터 보내온 번 지(주소)를 해석하는 회로
부호기(Encoder)	명령 해독기에서 전송된 명령어 를 제어에 필요한 신호로 변환 하는 회로
명령 레지스터 (IR : Instruction Register)	현재 수행 중인 명령어를 기억 하는 레지스터
번지 레지스터 (MAR : Memory Address Register)	주소를 기억하는 레지스터
기억 레지스터 (MBR : Memory Buffer Register)	내용(자료)을 기억하는 레지스 터

다음 중 컴퓨터 구조에서 제어 장치(Control Unit)의 구성 요소로 옳지 <u>않은</u> 것은?

① 부호기(Encoder)
② 프로그램 카운터(Program Counter)
③ 보수기(Complementor)
④ 명령 해독기(Instruction Decoder)

---

12 | 연산 장치

구성 장치	기능
가산기(Adder)	2진수 덧셈을 수행하는 회로
보수기(Complementor)	뺄셈을 수행하기 위하여 입력된 값을 보수로 변환하는 회로
누산기(ACCumulator)	중간 연산 결과를 일시적으로 기억하는 레지스터
데이터 레지스터(Data Register)	연산한 데이터를 기억하는 레지 스터
프로그램 상태 워드 (PSW : Program Status Word)	명령어 실행 중에 발생하는 CPU의 상태 정보를 저장하는 상태 레지스터(Status Register)

다음 중 컴퓨터에서 산술 논리 연산의 결과를 일시적으로 저장하는 임시 기억 장소로 옳은 것은?

① 프로그램 카운터
② 누산기
③ 가산기
④ 스택 포인터

13 | 주기억 장치

- ROM(Read Only Memory)
  - 한 번 기록한 정보에 대해 오직 읽기만을 허용하도록 설계된 비휘발성 기억 장치
  - 수정이 필요 없는 기본 입출력 프로그램이나 글꼴 등의 펌웨어(Firmware)를 저장
  - EPROM : 자외선을 이용, EEPROM : 전기를 이용
- RAM(Random Access Memory)
  - 실행 중인 프로그램이나 데이터를 저장하며, 자유롭게 읽고 쓰기가 가능한 주기억 장치
  - 전원이 공급되지 않으면 기억된 내용이 사라지는 휘발성(소멸성) 메모리

종류	특징
SRAM (Static RAM)	• 정적인 램으로, 전원이 공급되는 한 내용이 그대로 유지됨 • 가격이 비싸고, 용량이 적으나 속도가 빨라 캐시(Cache) 메모리 등에 이용됨
DRAM (Dynamic RAM)	• 구조는 단순하지만 가격이 저렴하고 집적도가 높아 PC의 메모리로 이용됨 • 일정 시간이 지나면 전하가 방전되므로 재충전(Refresh) 시간이 필요함

다음 중 EPROM에 관한 설명으로 옳은 것은?

① 제조 과정에서 한 번만 기록이 가능하며, 수정할 수 없다.
② 자외선을 이용하여 기록된 내용을 여러 번 수정할 수 있다.
③ 특수 프로그램을 이용하여 한 번만 기록할 수 있다.
④ 전기적 방법으로 기록된 내용을 여러 번 수정할 수 있다.

14 | 기타 기억 장치 – 캐시 메모리, 연관 메모리, 가상 메모리, 플래시 메모리

- 캐시 메모리(Cache Memory)
  - 휘발성 메모리로, 속도가 빠른 CPU와 상대적으로 속도가 느린 주기억 장치 사이에 있는 고속의 버퍼 메모리
  - 자주 참조되는 데이터나 프로그램을 메모리에 저장
  - 컴퓨터의 처리 속도를 향상시켜 메모리 접근 시간을 감소시키는 데 목적이 있음
  - 캐시 메모리는 SRAM 등이 사용되며, 주기억 장치보다 소용량으로 구성
- 연관 메모리(Associative Memory)
  - 저장된 내용의 일부를 이용하여 기억 장치에 접근하여 데이터를 읽어오는 기억 장치
  - 캐시 메모리에서 특정 내용을 찾는 방식 중 매핑 방식에 주로 사용됨
  - CAM(Content Addressable Memory)이라고도 함
  - 메모리에 기억된 정보를 찾는데 저장된 내용에 의하여 접근함(병렬 탐색 가능)
- 가상 메모리(Virtual Memory)
  - 보조 기억 장치의 일부, 즉 하드디스크의 일부를 주기억 장치처럼 사용하는 메모리 사용 기법으로, 기억 장소를 주기억 장치의 용량으로 제한하지 않고, 보조 기억 장치까지 확대하여 사용함
  - 주기억 장치보다 큰 프로그램을 로드하여 실행할 경우에 유용함
  - 기억 공간의 확대에 목적이 있음(처리 속도 향상 아님)
  - 가상 기억 장치로는 임의 접근이 가능한 자기 디스크를 많이 사용함
- 플래시 메모리(Flash Memory)
  - RAM과 같은 ROM으로 기억된 내용은 전원이 나가도 지워지지 않고 쉽게 쓰기가 가능함
  - 읽기/쓰기가 수만 번 가능한 메모리(블록 단위로 기록됨)

다음 중 주기억 장치의 크기보다 큰 프로그램을 실행하기 위해 디스크의 일부 영역을 주기억 장치처럼 사용하게 하는 메모리 관리 방식으로 옳은 것은?

① 캐시 메모리
② 버퍼 메모리
③ 연관 메모리
④ 가상 메모리

15 | 저작권에 따른 소프트웨어의 구분

상용 소프트웨어 (Commercial Software)	정식 대가를 지불하고 사용하는 프로그램으로 해당 프로그램의 모든 기능을 사용할 수 있음
공개 소프트웨어 (Freeware)	개발자가 무료로 자유로운 사용을 허용한 소프트웨어
셰어웨어 (Shareware)	정식 프로그램의 구매를 유도하기 위해 기능이나 사용 기간에 제한을 두어 무료로 배포하는 프로그램
애드웨어 (Adware)	광고가 소프트웨어에 포함되어 이를 보는 조건으로 무료로 사용할 수 있는 소프트웨어
데모 버전 (Demo Version)	정식 프로그램의 기능을 홍보하기 위해 사용 기간이나 기능을 제한하여 배포하는 프로그램
트라이얼 버전 (Trial Version)	상용 소프트웨어를 일정 기간 동안 사용해 볼 수 있는 체험판 소프트웨어
알파 버전 (Alpha Version)	베타 테스트를 하기 전에 제작 회사 내에서 테스트할 목적으로 제작하는 프로그램
베타 버전 (Beta Version)	정식 프로그램을 발표하기 전에 테스트를 목적으로 일반인에게 공개하는 프로그램
패치 프로그램 (Patch Program)	이미 제작하여 배포된 프로그램의 오류 수정이나 성능 향상을 위하여 프로그램 일부를 변경해 주는 프로그램
번들 프로그램 (Bundle Program)	특정한 하드웨어나 소프트웨어를 구매하였을 때 끼워주는 소프트웨어

다음 중 아래의 ㉠, ㉡, ㉢에 해당하는 소프트웨어의 종류를 올바르게 짝지어 나열한 것은?

홍길동은 어떤 프로그램이 좋은지 알아보기 위해 ㉠누구나 임의의 용도로 사용할 수 있는 프로그램과 ㉡주로 일정 기간 동안 일부 기능을 제한한 상태로 사용하는 프로그램을 먼저 사용해 보고, 가장 적합한 ㉢프로그램을 구입하여 사용하려고 한다.

① ㉠-프리웨어, ㉡-셰어웨어, ㉢-상용 소프트웨어
② ㉠-셰어웨어, ㉡-프리웨어, ㉢-상용 소프트웨어
③ ㉠-상용 소프트웨어, ㉡-셰어웨어, ㉢-프리웨어
④ ㉠-셰어웨어, ㉡-상용 소프트웨어, ㉢-프리웨어

16 | 웹 프로그래밍 언어

자바(Java)	특정 컴퓨터 구조와 무관한 가상 바이트 머신 코드를 사용하므로 플랫폼이 독립적임. 바이트 머신 코드를 생성함
ASP(Active Server Page)	• Windows 환경에서 동적인 웹 페이지를 제작할 수 있는 스크립트 언어 • HTML 문서에 명령어를 삽입하여 사용하며, 자바 스크립트와는 달리 서버측에서 실행됨
PHP(Professional Hypertext Preprocessor)	웹 서버에서 작동하는 스크립트 언어로, UNIX, Linux, Windows 등의 환경에서 작동함
JSP(Java Server Page)	ASP, PHP와 동일하게 웹 서버에서 작동하는 스크립트 언어
HTML5(Hyper Text Markup Language)	• 인터넷의 정보 검색 시스템인 월드와이드웹(WWW)의 홈페이지를 작성하는데 사용되는 생성언어 • 액티브X나 플러그인 등의 프로그램 설치 없이 동영상이나 음악 재생을 실행할 수 있는 웹 표준 언어
DHTML(Dynamic HTML)	동적 HTML로 스타일 시트를 도입하여 텍스트의 폰트와 크기, 색상, 여백 형식 등 웹 페이지 관련 속성을 지정할 수 있음

다음 중 W3C에서 제안한 표준안으로 문서 작성 중심으로 구성된 기존 표준에 비디오, 오디오 등 다양한 부가 기능과 최신 멀티미디어 콘텐츠를 액티브X 없이 브라우저에서 쉽게 볼 수 있도록 한 웹의 표준 언어는?

① XML
② VRML
③ HTML5
④ JSP

정답 15 ① 16 ③

참고 파트01-챕터04-섹션01 ▶ 합격 강의

17 | IPv6 주소

- 인터넷에 연결된 컴퓨터의 고유한 주소
- IPv6 주소체계는 128비트를 16비트씩 8부분으로 나누어 각 부분을 콜론(:)으로 구분함
- IPv6은 IPv4와 호환이 되며 16진수로 표기, 각 블록에서 선행되는 0은 생략할 수 있으며 연속된 0의 블록은 ::으로 한 번만 생략 가능함
- IPv6의 주소 개수는 약 43억의 네제곱임
- 주소 체계는 유니캐스트(Unicast), 애니캐스트(Anycast), 멀티캐스트(Multicast) 등 세 가지로 나뉨
- 인증 서비스, 비밀성 서비스, 데이터 무결성 서비스를 제공함으로써 보안 문제를 해결할 수 있음

다음 중 인터넷에서 사용하는 IPv6 주소 체계에 대한 설명으로 옳지 않은 것은?

① 16비트씩 8부분으로 총 128비트로 구성된다.

② 각 부분은 16진수로 표현하고, 세미콜론(;)으로 구분한다.

③ 유니캐스트, 멀티캐스트, 애니캐스트 등의 3가지 주소 체계로 나누어진다.

④ IPv4의 주소 부족 문제를 해결해 줄 수 있다.

참고 파트01-챕터04-섹션04 ▶ 합격 강의

18 | 그래픽 데이터의 표현 방식

비트맵 (Bitmap)	• 이미지를 점(Pixel, 화소)의 집합으로 표현하는 방식 • 래스터(Raster) 이미지라고도 함 • 고해상도를 표현하는 데 적합하지만 파일 크기가 커지고, 이미지를 확대하면 계단 현상이 발생함 • 다양한 색상을 이용하기 때문에 사실적 이미지 표현이 용이함 • Photoshop, Paint Shop Pro 등이 대표적인 소프트웨어임 • 비트맵 형식으로는 BMP, JPG, PCX, TIF, PNG, GIF 등이 있음
벡터 (Vector)	• 이미지를 점과 점을 연결하는 직선이나 곡선을 이용하여 표현하는 방식 • 그래픽의 확대/축소 시 계단 현상이 발생하지 않지만 고해상도 표현에는 적합하지 않음 • Illustrator, CorelDraw, 플래시 등이 대표적인 소프트웨어 • 벡터 파일 형식으로는 WMF, AI, CDR 등이 있음

다음 중 컴퓨터에서 그래픽 데이터 표현 방식인 비트맵(Bitmap) 방식에 관한 설명으로 옳지 않은 것은?

① 점과 점을 연결하는 직선이나 곡선을 이용하여 이미지를 표현한다.

② 이미지를 확대하면 테두리가 거칠어진다.

③ 파일 형식에는 BMP, GIF, JPEG 등이 있다.

④ 다양한 색상을 사용하여 사실적 이미지를 표현할 수 있다.

19 | 그래픽 관련 용어

렌더링 (Rendering)	컴퓨터 그래픽에서 3차원 질감(그림자, 색상, 농도 등)을 줌으로써 사실감을 추가하는 과정
디더링 (Dithering)	표현할 수 없는 색상이 존재할 경우, 다른 색상들을 섞어서 비슷한 색상을 내는 효과
인터레이싱 (Interlacing)	화면에 이미지를 표시할 때 한 번에 표시하지 않고 천천히 표시되면서 선명해지는 효과
모핑 (Morphing)	사물의 형상을 다른 모습으로 서서히 변화시키는 기법으로 영화의 특수 효과에서 많이 사용함
모델링 (Modeling)	물체의 형상을 컴퓨터 내부에서 3차원 그래픽으로 어떻게 표현할 것인지를 정하는 과정
안티 앨리어싱 (Anti-Aliasing)	3D의 텍스처에서 몇 개의 샘플을 채취해서 사물의 색상을 변경하므로 계단 부분을 뭉개고 곧게 이어지는 듯한 화질을 형성하게 만드는 것

다음 중 멀티미디어 기법에 대한 설명으로 옳지 <u>않은</u> 것은?

① 안티앨리어싱(Anti-Aliasing)은 2차원 그래픽에서 개체 색상과 배경 색상을 혼합하여 경계면 픽셀을 표현함으로써 경계면을 부드럽게 보이도록 하는 기법이다.

② 모델링(Modeling)은 컴퓨터 그래픽에서 명암, 색상, 농도의 변화 등과 같은 3차원 질감을 넣음으로써 사실감을 더하는 기법을 말한다.

③ 디더링(Dithering)은 제한된 색을 조합하여 음영이나 색을 나타내는 것으로 여러 컬러의 색을 최대한 나타내는 기법을 말한다.

④ 모핑(Morphing)은 한 이미지가 다른 이미지로 서서히 변화하는 과정을 나타내는 기법이다.

20 | 네트워크 접속 장비

허브(Hub)	네트워크에서 연결된 각 회선이 모이는 집선 장치로서 각 회선을 통합적으로 관리하는 방식
라우터(Router)	데이터 전송을 위한 최적의 경로를 찾아 통신망에 연결하는 장치
브리지(Bridge)	독립된 두 개의 근거리 통신망(LAN)을 연결하는 접속 장치
리피터(Repeater)	장거리 전송을 위해 신호를 새로 재생시키거나 출력 전압을 높여 전송하는 장치
게이트웨이(Gateway)	네트워크에서 다른 네트워크로 들어가는 관문의 기능을 수행하는 지점을 말하며, 서로 다른 프로토콜을 사용하는 네트워크를 연결할 때 사용하는 장치

다음 중 정보통신에서 네트워크 관련 장비에 대한 설명으로 옳지 <u>않은</u> 것은?

① 라우터 : 네트워크를 구성하기 위해 반드시 필요한 장비로 정보 전송을 위한 최적의 경로를 찾아 통신망에 연결하는 장치

② 허브 : 네트워크를 구성할 때 여러 대의 컴퓨터를 연결하고, 각 회선들을 통합 관리하는 장치

③ 브리지 : 네트워크를 구성할 때 디지털 신호를 아날로그 신호로 변환하여 전송하고 다시 수신된 신호를 원래대로 변환하기 위한 전송 장치

④ 게이트웨이 : 한 네트워크에서 다른 네트워크로 들어가는 입구 역할을 하는 장치로 근거리통신망(LAN)과 같은 하나의 네트워크를 다른 네트워크와 연결할 때 사용되는 장치

정답 19 ② 20 ③

참고 파트02-챕터02-섹션01 ▶ 합격 강의

21 | 데이터 입력 방법

Enter	• 다음 행으로 셀 포인터를 이동 • [Excel 옵션]의 '고급', '편집 옵션'에서 Enter 를 누를 때 이동할 셀의 방향을 지정할 수 있음
Shift + Enter	윗 행으로 셀 포인터를 이동
Esc	입력 중인 데이터를 취소
강제로 줄 바꿈	• 데이터 입력 후 Alt + Enter 를 누르면 동일한 셀에서 줄이 바뀌며, 이 때 두 줄 이상의 데이터를 입력할 수 있음 • [셀 서식]의 [맞춤] 탭에서 [텍스트 맞춤] 확인란을 선택하면 셀 너비에 맞추어 자동으로 줄이 바뀜
동일한 데이터 입력하기	범위를 지정하고 데이터 입력 후 Ctrl + Enter 나 Ctrl + Shift + Enter 를 누르면 선택 영역에 동일한 데이터가 한꺼번에 입력됨

다음 중 셀에 데이터를 입력할 때 사용하는 Enter 에 대한 설명으로 옳지 않은 것은?

① [Excel 옵션]의 '고급', '편집 옵션'에서 Enter 를 누를 때 이동할 셀의 방향을 지정할 수 있다.

② 여러 셀을 선택하고 값을 입력한 후 Ctrl + Enter 를 누르면 선택된 셀에 동일한 값을 입력할 수 있다.

③ 셀에 값을 입력하고 Alt + Enter 를 누르면 해당 셀 내에서 줄을 바꿔 입력할 수 있다.

④ 셀에 값을 입력하고 Shift + Enter 를 누르면 셀을 한 번에 두 칸 씩 빨리 이동할 수 있다.

참고 파트02-챕터02-섹션01 ▶ 합격 강의

22 | 각종 데이터 입력

• **한자 입력** : 한자의 음을 한글로 입력한 다음 한짜 를 누르고 목록에서 원하는 한자를 선택함
• **특수 문자** : [삽입] 탭-[기호] 그룹-[기호]를 실행하거나 한글 자음(ㄱ,ㄴ,ㄷ,…,ㅎ) 중의 하나를 누르고 한짜 를 눌러 목록에서 원하는 특수 문자를 선택함
• 분수는 숫자와 공백으로 시작하여(한 칸 띄운 다음에) 입력(예 0 2/3)
• 숫자로만 된 데이터를 문자 데이터로 입력하려면 데이터 앞에 작은따옴표(')를 먼저 입력(예 '010, '007).
• 날짜 및 시간 데이터는 자동으로 오른쪽을 기준으로 정렬됨
• Ctrl + ; : 시스템의 오늘 날짜, Ctrl + Shift + ; : 현재 시간이 입력됨
• 숫자가 입력된 셀의 채우기 핸들을 Ctrl 을 누른 채 아래쪽으로 끌면 1씩 증가함
• Ctrl + R : 왼쪽 셀의 내용과 서식을 복사
• Ctrl + D : 윗쪽 셀의 내용과 서식을 복사
• Ctrl + Q : 빠른 분석(서식, 차트, 합계, 테이블, 스파크라인)

다음 중 날짜 및 시간 데이터에 관한 설명으로 옳지 않은 것은?

① 날짜를 입력할 때 일을 입력하지 않으면 자동으로 해당 월의 1일로 입력된다.

② 셀에 4/9를 입력하고 Enter 를 누르면 셀에 04월 09일로 표시된다.

③ 날짜 및 시간 데이터는 자동으로 왼쪽을 기준으로 정렬된다.

④ Ctrl + ; 을 누르면 시스템의 오늘 날짜, Ctrl + Shift + ; 을 누르면 현재 시간이 입력된다.

▶합격 강의

23 | 메모, 윗주

- 메모 입력 바로 가기 키 : Shift + F2
- 셀에 입력된 데이터를 삭제해도 메모가 삭제되지 않으므로 메모를 삭제하려면 [검토] 탭-[메모] 그룹-[삭제]를 선택하거나 바로 가기 메뉴에서 [메모 삭제]를 선택함
- 셀의 데이터를 삭제하면 윗주도 함께 삭제됨
- 숫자 데이터 위에 윗주를 입력한 경우 표시되지 않음
- 윗주에 입력된 텍스트 중 일부분의 서식을 별도로 변경할 수 없음

다음 중 메모에 대한 설명으로 옳지 <u>않은</u> 것은?

① 통합 문서에 포함된 메모를 시트에 표시된 대로 인쇄하거나 시트 끝에 인쇄할 수 있다.

② 메모에는 어떠한 문자나 숫자, 특수 문자도 입력 가능하며, 텍스트 서식도 지정할 수 있다.

③ 시트에 삽입된 모든 메모를 표시하려면 [검토] 탭의 [메모] 그룹에서 '메모 모두 표시'를 선택한다.

④ 셀에 입력된 데이터를 Delete 로 삭제한 경우 메모도 함께 삭제된다.

  ▶합격 강의

24 | 찾기/바꾸기

- 찾기 : Ctrl + F, Shift + F5
- 바꾸기 : Ctrl + H
- 와일드카드 문자(?, *)를 사용할 수 있음
- +, −, #, $ 등과 같은 특수 문자를 찾을 수 있음
- 영문자의 경우 대문자와 소문자를 구분함
- 찾는 위치 : 수식, 값, 메모
- 열을 선택하면 열에서 아래쪽으로, 행을 선택하면 행에서 오른쪽으로 검색함
- 열에서 위쪽으로 검색하거나 행에서 왼쪽으로 검색하려면 Shift 를 누른 채 [다음 찾기]를 클릭함
- 별표(*), 물음표(?) 및 물결표(~) 등의 문자가 포함된 내용을 찾으려면 '찾을 내용'에 물결표(~) 뒤에 해당 문자를 붙여 입력함
- 찾는 위치를 '수식', '값', '메모'로 설정할 수 있으며 '메모'로 설정한 경우 메모 안의 텍스트도 찾을 수 있음

다음 중 워크시트에 입력된 데이터 중 특정한 내용을 찾거나 바꾸는 [찾기 및 바꾸기] 기능에 대한 설명으로 옳지 <u>않은</u> 것은?

① 와일드카드 문자(?, *)를 사용할 수 있다.

② +, − 와 같은 특수 문자를 찾을 수 있다.

③ 와일드카드 문자(?, *) 자체를 찾을 경우는 % 기호를 와일드카드 문자 앞에 사용하면 된다.

④ 행 방향으로 먼저 검색할지, 열 방향으로 먼저 검색할지를 사용자가 설정할 수 있다.

정답 23 ④ 24 ③

25 | 사용자 지정 표시 형식

코드	기능
;	양수, 음수, 0값을 세미콜론(;)으로 구분함
,	• 천 단위 구분 기호로 쉼표를 삽입 • ,(쉼표) 이후에 더 이상 코드를 사용하지 않으면 천 단위 배수로 표시 • 12345 → #,##0, → 12
#	• 유효 자릿수만 나타내고 유효하지 않은 0은 표시하지 않음 • 012345 → #,### → 12,345
0	• 유효하지 않은 자릿수를 0으로 표시 • 12345 → 0.00 → 12345.00
yy	• 연도를 끝 두 자리만 표시 • 2015 → yy → 15
mmm	• 월을 Jan~Dec로 표시 • 06 → mmm → Jun
dd	• 일을 01~31로 표시 • 25 → dd → 25
@	• 문자 뒤에 특정한 문자열을 함께 표시 • 컴활 → @@"**" → 컴활컴활**
[글꼴색]	각 구역의 첫 부분에 지정하며 대괄호 안에 글꼴색을 입력함
[조건]	조건과 일치하는 숫자에만 서식을 적용하고자 할 때 사용. 조건은 대괄호로 묶어 입력하며 비교 연산자와 값으로 이루어짐

다음 중 원본 데이터를 지정된 서식으로 설정하였을 때, 결과가 옳지 않은 것은?

① 원본 데이터 : 5054.2, 서식 : ### → 결과 데이터 : 5054

② 원본 데이터 : 대한민국, 서식 : @"화이팅" → 결과 데이터 : 대한민국화이팅

③ 원본 데이터 : 15:30:22, 서식 : hh:mm:ss AM/PM → 결과 데이터 : 3:30:22 PM

④ 원본 데이터 : 2013-02-01, 서식 : yyyy-mm-ddd → 결과 데이터 : 2013-02-Fri

• ③ 원본 데이터 : 15:30:22, 서식 : hh:mm:ss AM/PM → 결과 데이터 : 03:30:22 PM
• hh이므로 03으로 되어야 함

26 | 조건부 서식

• [홈] 탭-[스타일] 그룹-[조건부 서식]에서 선택하여 적용함
• 조건부 서식은 특정한 규칙을 만족하는 셀에 대해서만 각종 서식, 테두리, 셀 배경색 등의 서식을 설정함
• 규칙을 만족하는 데이터가 있는 행 전체에 서식을 지정할 때는 규칙 입력 시 열 이름 앞에만 '$'를 붙임
• 조건부 서식은 기존의 셀 서식에 우선하여 적용됨
• 여러 개의 규칙이 모두 만족될 경우 지정한 서식이 충돌하지 않으면 규칙이 모두 적용되며, 서식이 충돌하면 우선순위가 높은 규칙의 서식이 적용됨
• 규칙의 개수에는 제한이 없음
• 서식이 적용된 규칙으로 셀 값 또는 수식을 설정할 수 있음. 규칙을 수식으로 입력할 경우 수식 앞에 등호(=)를 반드시 입력해야 함

아래 워크시트와 같이 평점이 3.0 미만인 행 전체에 셀 배경색을 지정하고자 한다. 다음 중 이를 위해 조건부 서식 설정에서 사용할 수식으로 옳은 것은?

	A	B	C	D
1	학번	학년	이름	평점
2	20959446	2	강혜민	3.38
3	21159458	1	김경식	2.60
4	21059466	2	김병찬	3.67
5	21159514	1	장현정	1.29
6	20959476	2	박동현	3.50
7	21159467	1	이승현	3.75
8	20859447	4	이병훈	2.93
9	20859461	3	강수빈	3.84

① =$D2 < 3

② =$D&2 < 3

③ =D2 < 3

④ =D$2 < 3

• [홈] 탭-[스타일] 그룹-[조건부 서식]에서 [새 규칙] 선택하여 적용함
• [A2:D9] 영역을 마우스로 드래그하여 범위로 설정한 다음 [조건부 서식]-[새 규칙]-"수식을 사용하여 서식을 지정할 셀 결정"에서 수식과 서식을 설정함
• 평점이 3.0 미만인 행 전체에 셀 배경색을 지정 → =$D2<3

27 | 수식의 오류 값

####	데이터나 수식의 결과를 셀에 모두 표시할 수 없을 경우(열의 너비를 늘려주면 정상적으로 표시됨)
#VALUE!	• 수치를 사용해야 할 장소에 다른 데이터를 사용하는 경우 • 함수의 인수로 잘못된 값을 사용한 경우
#DIV/0!	0으로 나누기 연산을 시도한 경우
#NAME?	• 함수 이름이나 정의되지 않은 셀 이름을 사용한 경우 • 수식에 잘못된 문자열을 지정하여 사용한 경우
#N/A	• 수식에서 잘못된 값으로 연산을 시도한 경우 • 찾기 함수에서 결과 값을 찾지 못한 경우
#REF!	셀 참조를 잘못 사용한 경우
#NUM!	숫자가 필요한 곳에 잘못된 값을 지정한 경우
#NULL!	교점 연산자(공백)를 사용했을 때 교차 지점을 찾지 못한 경우
순환 참조 경고	수식에서 직접 또는 간접으로 자체 셀을 참조하는 경우 발생

다음 중 오류 값의 표시 내용에 대한 설명으로 옳지 않은 것은?

① #NUM! : 수식이나 함수에 잘못된 숫자 값을 사용할 때 발생한다.

② #VALUE : 셀에 입력된 숫자 값이 너무 커서 셀 안에 나타낼 수 없음을 의미한다.

③ #REF! : 유효하지 않은 셀 참조를 지정할 때 발생한다.

④ #NAME : 수식의 텍스트를 인식하지 못할 때 발생한다.

28 | 수학 / 통계 함수

ABS(수)	수의 절대값(부호 없는 수)을 구함
INT(수)	수를 가장 가까운 정수로 내린 값을 구함
SUM(수1, 수2,…)	인수로 지정한 숫자의 합계를 구함 (인수는 1~255개까지 사용)
AVERAGE(수1,수2,…)	인수로 지정한 숫자의 평균을 구함
MOD(수1, 수2)	수1을 수2로 나눈 나머지 값(수2가 0이면 #DIV/0! 오류 발생)을 구함
POWER(수1, 수2)	수1을 수2만큼 거듭 제곱한 값을 구함
ROUND(수1, 수2)	수1을 반올림하여 자릿수(수2)만큼 반환함
COUNT(인수1, 인수2 …)	인수 중에서 숫자의 개수를 구함
COUNTA(인수1, 인수2 …)	공백이 아닌 인수의 개수를 구함
MAX(수1, 수2, …)	인수 중에서 최대값을 구함
MIN(수1, 수2, …)	인수 중에서 최소값을 구함
SMALL(배열, k)	인수로 지정한 숫자 중 k번째로 작은 값을 구함
LARGE(배열, k)	인수로 지정한 숫자 중 k번째로 큰 값을 구함
MODE.SNGL(수1, 수2, …)	주어진 수들 중 가장 빈번하게 발생하는 수(최빈수)를 구함
MEDIAN(수1, 수2, …)	주어진 수들의 중간값(중위수)을 구함
ODD(수)	주어진 수를 가장 가까운 홀수로, 양수인 경우 올림하고 음수인 경우 내림함
EVEN(수)	가장 가까운 짝수인 정수로 양수는 올림하고 음수는 내림함

다음 중 함수의 결과가 옳은 것은?

① =COUNT(1, "참", TRUE, "1") → 1

② =COUNTA(1, "거짓", TRUE, "1") → 2

③ =MAX(TRUE, "10", 8, ,3) → 10

④ =ROUND(215.143, -2) → 215.14

③ : =MAX(TRUE, "10", 8, ,3) → 10 (인수 중 가장 큰 값을 구함)

오답 피하기

• ① : =COUNT(1, "참", TRUE, "1") → 3 ("참"을 제외한 숫자 인수의 개수를 구함)
• ② : =COUNTA(1, "거짓", TRUE, "1") → 4 (모든 인수의 개수를 구함)
• ④ : =ROUND(215.143, -2) → 200 (자릿수가 -2 음수이므로 소수점 왼쪽 2번째 자리에서 반올림 됨)

참고 파트02-챕터03-섹션05, 06 ▶합격 강의

29 | 논리, 문자열 함수

IF(조건, 참, 거짓)	조건식이 참이면 값1, 거짓이면 값2를 반환함
IFS(조건식1, 참인 경우 값1, 조건식2, 참인 경우 값2, ……)	하나 이상의 조건이 충족되는지 확인하고 첫 번째 TRUE 조건에 해당하는 값을 반환함
SWITCH(변환할 값, 일치시킬 값 1…[2-126], 일치하는 경우 반환할 값 1…[2-126], 일치하는 값이 없는 경우 반환할 값)	값의 목록에 대한 하나의 값(식이라고 함)을 계산하고 첫 번째 일치하는 값에 해당하는 결과를 반환함
AND(조건1, 조건2,…)	모든 조건이 참이면 TRUE, 나머지는 FALSE를 반환함
OR(조건1, 조건2,…)	조건중 하나 이상이 참이면 TRUE, 나머지는 FALSE를 반환함
LEFT(문자열, 개수)	문자열의 왼쪽에서 지정한 개수만큼 문자를 추출함
RIGHT(문자열, 개수)	문자열의 오른쪽에서 지정한 개수만큼 문자를 추출함
MID(문자열, 시작위치, 개수)	문자열의 시작 위치에서부터 지정한 개수만큼 문자를 추출함
TRIM(문자열)	단어 사이에 있는 한 칸의 공백을 제외하고, 문자열의 공백을 모두 삭제함
LOWER(문자열)	문자열을 모두 소문자로 변환함
UPPER(문자열)	문자열을 모두 대문자로 변환함
PROPER(문자열)	단어 첫 글자만 대문자로, 나머지는 소문자로 변환함
SEARCH(찾을 텍스트, 문자열, 시작 위치)	문자열에서 찾을 텍스트의 시작 위치를 반환함(시작 위치 생략시 1로 간주함)

다음 중 아래 워크시트에서 가입일이 2000년 이전이면 회원등급을 '골드회원' 아니면 '일반회원'으로 표시하려고 할 때 [C19] 셀에 입력할 수식으로 옳은 것은?

	A	B	C
17		회원가입현황	
18	성명	가입일	회원등급
19	강민호	2000-01-15	골드회원
20	김보라	1996-03-07	골드회원
21	이수연	2002-06-20	일반회원
22	황정민	2006-11-23	일반회원
23	최경수	1998-10-20	골드회원
24	박정태	1999-12-05	골드회원

① =TODAY(IF(B19<=2000,"골드회원","일반회원")
② =IF(TODAY(B19)<=2000,"일반회원","골드회원")
③ =IF(DATE(B19)<=2000,"골드회원","일반회원")
④ =IF(YEAR(B19)<=2000,"골드회원","일반회원")

참고 파트02-챕터03-섹션06 ▶합격 강의

30 | 찾기, 참조 함수

- VLOOKUP(값, 범위, 열 번호, 방법) : 범위의 첫 번째 열에서 값을 찾아 지정한 열에서 대응하는 값을 반환함
- HLOOKUP(값, 범위, 행 번호, 방법) : 범위의 첫 번째 행에서 값을 찾아 지정한 행에서 대응하는 값을 반환함
- CHOOSE(인덱스 번호, 인수1, 인수2, …) : 인덱스 번호에 의해 인수를 순서대로 선택함
- INDEX(셀 범위, 행 번호, 열 번호) : 셀 범위에서 행, 열 번호 값을 산출함

다음 중 아래의 워크시트에서 '박지성'의 결석 값을 찾기 위한 함수식은?

	A	B	C	D
1		성적표		
2	이름	중간	기말	결석
3	김남일	86	90	4
4	이천수	70	80	2
5	박지성	95	85	5

① =VLOOKUP("박지성", $A$3:$D$5, 4, 1)
② =VLOOKUP("박지성", $A$3:$D$5, 4, 0)
③ =HLOOKUP("박지성", $A$3:$D$5, 4, 0)
④ =HLOOKUP("박지성", $A$3:$D$5, 4, 1)

- 찾을 값 → 박지성, 범위 → $A$3:$D$5, 열 번호 → 4(결석), 방법 → 0(정확한 값을 찾음), 1이면 찾을 값의 아래로 근사값
- =VLOOKUP("박지성", $A$3:$D$5, 4, 0) → 5

정답 29 ④ 30 ②

합격 강의

31 | D 함수

- DSUM(데이터베이스, 필드, 조건 범위) : 조건을 만족하는 필드의 합계를 구함
- DAVERAGE(데이터베이스, 필드, 조건 범위) : 조건을 만족하는 필드의 평균을 구함
- DCOUNT(데이터베이스, 필드, 조건 범위) : 조건을 만족하는 필드의 개수(수치)를 구함
- DCOUNTA(데이터베이스, 필드, 조건 범위) : 조건을 만족하는 모든 필드의 개수를 구함
- DMAX(데이터베이스, 필드, 조건 범위) : 조건을 만족하는 필드의 최대값을 구함
- DMIN(데이터베이스, 필드, 조건 범위) : 조건을 만족하는 필드의 최소값을 구함

다음 중 아래의 워크시트에서 몸무게가 70Kg 이상인 사람의 수를 구하고자 할 때 [E7] 셀에 입력할 수식으로 옳지 않은 것은?

⿰	A	B	C	D	E	F
1	번호	이름	키(Cm)	몸무게(Kg)		
2	12001	홍길동	165	67		몸무게(Kg)
3	12002	이대한	171	69		>=70
4	12003	한민국	177	78		
5	12004	이우리	162	80		
6						
7	몸무게가 70Kg 이상인 사람의 수?				2	

① =DCOUNT(A1:D5,2,F2:F3)

② =DCOUNTA(A1:D5,2,F2:F3)

③ =DCOUNT(A1:D5,3,F2:F3)

④ =DCOUNTA(A1:D5,3,F2:F3)

① : =DCOUNT(A1:D5,2,F2:F3) → 0 (2열의 이름 필드는 문자라 카운트를 못 함)

 합격 강의

32 | 정렬

- 오름차순 정렬은 숫자일 경우 작은 값에서 큰 값 순서로 정렬되며, 내림차순 정렬은 그 반대로 재배열 됨
- 영문 대/소문자를 구분하여 정렬하는 기능을 제공하며, 오름차순 정렬 시 소문자가 우선순위를 가짐
- 오름차순 정렬 : 숫자 – 기호 문자 – 영문 소문자 – 영문 대문자 – 한글 – 빈 셀(단, 대/소문자 구분하도록 설정했을 때)
- 내림차순 정렬 : 한글 – 영문 대문자 – 영문 소문자 – 기호 문자 – 숫자 – 빈 셀(단, 대/소문자 구분하도록 설정했을 때)
- 정렬 전에 숨겨진 행 및 열 표시 : 숨겨진 열이나 행은 정렬 시 이동되지 않음
- 최대 64개의 열을 기준으로 정렬할 수 있음

다음 중 정렬에 관한 설명으로 옳지 않은 것은?

① 특정 글꼴 색이 적용된 셀을 포함한 행이 위에 표시되도록 정렬할 수 있다.

② 사용자 지정 목록을 사용하여 사용자가 정의한 순서대로 정렬할 수 있다.

③ 최대 64개의 열을 기준으로 정렬할 수 있다.

④ 위쪽에서 아래쪽으로 정렬 시 숨겨진 행도 포함하여 정렬할 수 있다.

33 | 필터

- **자동 필터** : 자동 필터를 이용하여 추출한 데이터는 항상 레코드(행) 단위로 표시, 같은 열에 여러 개의 항목을 동시에 선택하여 데이터를 추출할 수 있음
- 자동 필터는 워크시트의 다른 영역에 결과 테이블을 자동 생성할 수 없으며 고급 필터를 이용하여 다른 영역에 결과 테이블을 생성할 수 있음
- **고급 필터** : 조건 범위와 복사 위치는 고급 필터 명령을 실행하기 전에 설정해 놓아야 함, 결과를 '현재 위치에 필터'로 선택한 경우 복사 위치를 지정할 필요가 없으며, [자동 필터]처럼 현재 데이터 범위 위치에 고급 필터 결과를 표시함
- **단일 조건** : 첫 행에 필드명을 입력하고, 필드명 아래에 검색할 값을 입력
- **AND 조건** : 첫 행에 필드명을 나란히 입력하고, 동일한 행에 조건을 입력(그리고)
- **OR 조건** : 첫 행에 필드명을 나란히 입력하고, 서로 다른 행에 조건을 입력(이거나, 또는)
- **복합 조건(AND, OR 결합)** : 첫 행에 필드명을 나란히 입력하고, 동일한 행에 조건을 입력, 그리고 다음 동일한 행에 두 번째 조건을 입력
- 고급 필터에서 조건 범위를 만들 때 만능 문자(?, *)를 사용할 수 있음

다음 중 고급 필터를 이용하여 전기세가 '3만 원 이하'이거나 가스비가 '2만 원 이하'인 데이터 행을 추출하기 위한 조건으로 옳은 것은?

①

전기세	가스비
<=30000	<=20000

②

전기세	가스비
<=30000	
	<=20000

③

전기세	<=30000
가스비	<=20000

④

전기세	<=30000	
가스비		<=20000

---

34 | 부분합

- 워크시트에 있는 데이터를 일정한 기준으로 요약하여 통계 처리를 수행함
- 기준이 될 필드(열)로 먼저 정렬(오름차순 또는 내림차순)해야 함
- **그룹화할 항목** : 부분합을 계산할 기준 필드
- **사용할 함수** : 합계, 개수, 평균, 최대값, 최소값, 곱, 숫자 개수, 표본 표준 편차, 표준 편차, 표본 분산, 분산 등 계산 항목에서 선택한 필드를 계산할 방식을 지정함
- **새로운 값으로 대치** : 이미 부분합이 작성된 목록에서 이전 부분합을 지우고 현재 설정대로 새로운 부분합을 작성하여 삽입함
- **모두 제거** : 목록에 삽입된 부분합이 삭제되고, 원래 데이터 상태로 돌아감

다음 중 부분합에 관한 설명으로 옳지 <u>않은</u> 것은?

① 부분합을 작성할 때 기준이 되는 필드가 반드시 정렬되어 있지 않아도 제대로 된 부분합을 실행할 수 있다.

② 부분합에 특정한 데이터만 표시된 상태에서 차트를 작성하면 표시된 데이터에 대해서만 차트가 작성된다.

③ [부분합] 대화 상자에서 '새로운 값으로 대치'는 이미 작성한 부분합을 지우고, 새로운 부분합으로 실행할 경우에 설정한다.

④ 부분합 계산에 사용할 요약 함수를 두 개 이상 사용하기 위해서는 함수의 종류 수만큼 부분합을 반복 실행해야 한다.

---

35 | 피벗 테이블/피벗 차트 보고서

- 피벗 테이블은 방대한 양의 자료를 빠르게 요약하여 보여 주는 대화형 테이블
- 피벗 테이블 보고서는 각 필드에 다양한 조건을 지정할 수 있으며, 일정한 그룹별로 데이터 집계가 가능함
- 피벗 차트 작성 시 자동으로 피벗 테이블도 함께 만들어진다. 즉, 피벗 테이블을 만들지 않고는 피벗 차트를 만들 수 없음
- 피벗 테이블과 피벗 차트를 함께 만든 후에 작성된 피벗 테이블을 삭제하면 피벗 차트는 일반 차트로 변경됨
- **데이터 새로 고침** : 피벗 테이블은 원본 데이터와 연결되어 있지만 원본 데이터가 변경될 때 자동으로 피벗 테이블 내용을 변경하지 못함

다음 중 피벗 테이블에 대한 설명으로 옳지 <u>않은</u> 것은?

① 원본의 자료가 변경되면 [모두 새로 고침] 기능을 이용하여 피벗 테이블에 반영할 수 있다.

② 작성된 피벗 테이블을 삭제하면 함께 작성한 피벗 차트도 삭제된다.

③ 피벗 테이블을 삭제하려면 피벗 테이블 전체를 범위로 지정하고 Delete 를 누른다.

④ 피벗 테이블 보고서에서는 값 영역에 표시된 데이터를 삭제하거나 수정할 수 없다.

---

36 | 목표값 찾기

- 수식의 결과 값은 알고 있으나 그 결과 값을 얻기 위한 입력 값을 모를 때 목표값 찾기 기능을 이용함
- 수식에서 참조한 특정 셀의 값을 계속 변화시켜 수식의 결과 값을 원하는 값으로 찾음
- [데이터] 탭 – [예측] 그룹 – [가상 분석]을 클릭한 후 [목표값 찾기] 메뉴를 선택하여 수식 셀, 찾는 값, 값을 바꿀 셀을 지정함
- **찾는 값** : 수식 셀의 결과로, 원하는 특정한 값을 숫자 상수로 입력함

아래 시트에서 할인율을 변경하여 "판매가격"의 목표 값을 150000으로 변경하려고 할 때, [목표값 찾기] 대화 상자의 수식 셀에 입력할 값으로 옳은 것은?

◢	A	B	C	D	E
1					
2	할인율	10%			
3	품명	단가	수량	판매가격	
4	박스	1,000	200	180,000	

목표값 찾기 ? ✕

수식 셀(E):

찾는 값(V): 150000

값을 바꿀 셀(C):

확인　취소

① D4

② C4

③ B2

④ B4

참고 파트02-챕터04-섹션07 ▶합격 강의

37 | 시나리오

- 변경 요소가 많은 작업표에서 가상으로 수식이 참조하고 있는 셀의 값을 변화시켜 작업표의 결과를 예측하는 기능
- 변경 요소가 되는 값의 그룹을 '변경 셀'이라고 하며, 하나의 시나리오에 최대 32개까지 변경 셀을 지정할 수 있음
- 변경 셀로 지정한 셀에 계산식이 포함되어 있으면 자동으로 상수로 변경되어 시나리오가 작성됨
- '결과 셀'은 변경 셀 값을 참조하는 수식으로 입력되어야 함
- **병합** : 열려 있는 다른 통합 문서의 워크시트에서 시나리오를 가져와 현재 시트의 시나리오에 추가함

다음 중 시나리오에 관한 설명으로 옳지 <u>않은</u> 것은?

① 하나의 시나리오에 최대 32개까지 변경 셀을 지정할 수 있다.

② 시나리오의 결과는 요약 보고서나 피벗 테이블 보고서로 작성할 수 있다.

③ 시나리오 병합을 통하여 다른 통합 문서나 다른 워크시트에 저장된 시나리오를 가져올 수 있다.

④ 시나리오는 입력된 자료들을 그룹별로 분류하고 해당 그룹별로 특정한 계산을 수행하는 기능이다.

참고 파트02-챕터05-섹션02 ▶합격 강의

38 | 페이지 설정

- [페이지] 탭에서 '자동 맞춤'의 용지 너비와 용지 높이를 각각 1로 지정하면 여러 페이지가 한 페이지에 인쇄됨
- 배율은 워크시트 표준 크기의 10%에서 400%까지 설정함
- 머리글/바닥글은 [머리글/바닥글] 탭에서 설정함
- 셀에 설정된 메모는 '시트에 표시된 대로' 인쇄할 수 있음

자료가 입력된 [Sheet1]을 인쇄하니 5장이 출력되었다. [Sheet1]의 모든 자료를 1장에 인쇄하려고 할 때 다음 중 가장 올바른 방법은?

① [페이지 설정]-[페이지]에서 '자동 맞춤'을 선택하여 용지 너비와 용지 높이를 각각 '1'로 설정한 후 인쇄한다.

② [인쇄]-[등록 정보]에서 '자동 맞춤'을 선택하여 용지와 높이를 각각 '1'로 설정한 후 인쇄한다.

③ [인쇄]-[등록 정보]-[기능]에서 '한 페이지에 여러 페이지 인쇄'를 선택한 후 인쇄한다.

④ [페이지 설정]-[페이지]에서 '한 페이지에 여러 페이지 인쇄'를 선택한 후 인쇄한다.

합격 강의

39 | 차트

- **분산형(XY 차트)** : 데이터의 불규칙한 간격이나 묶음을 보여 주는 것으로, 데이터 요소 간의 차이점보다는 큰 데이터 집합 간의 유사점을 표시하려는 경우에 사용함
  - 각 항목이 값을 점으로 표시함
  - 두 개의 숫자 그룹을 XY 좌표로 이루어진 한 계열로 표시 (XY 차트라고도 함)
  - 주로 과학, 공학용 데이터 분석에서 사용함
  - 3차원 차트로 작성할 수 없음
  - 가로 축은 항목 축이 아닌 값 축 형식으로 나타남
- **주식형 차트** : 주식 가격, 온도 변화와 같은 과학 데이터를 나타내는 데 사용하며 3차원 차트로 작성할 수 없음
- **영역형 차트** : 일정한 시간에 따라 데이터의 변화 추세(데이터 세트의 차이점을 강조)를 표시, 데이터 계열값의 합계를 표시하여 전체 값에 대한 각 값의 관계를 표시함
- **방사형 차트** : 많은 데이터 계열의 합계 값을 비교할 때 사용하며 각 항목마다 가운데 요소에서 뻗어나온 값 축을 갖고, 선은 같은 계열의 모든 값을 연결, 3차원 차트로 작성할 수 없음
- **추세선 가능한 차트** : 비누적 2차원 영역형, 가로막대형, 세로막대형, 꺾은선형, 주식형, 분산형, 거품형 차트
- **추세선 불가능한 차트** : 누적 2차원 영역형, 3차원 효과의 영역형, 원형, 도넛형, 방사형, 표면형 차트

다음 중 아래의 차트와 같이 데이터를 선으로 표시하여 데이터 계열의 총값을 비교하고, 상호 관계를 살펴보고자 할 때 사용하는 차트 종류는?

① 도넛형 차트
② 방사형 차트
③ 분산형 차트
④ 주식형 차트

  합격 강의

40 | 매크로

- 자주 사용하는 명령, 반복적인 작업 등을 매크로로 기록하여 해당 작업이 필요할 때마다 바로 가기 키(단축 키)나 실행 단추를 클릭하여 쉽고, 빠르게 작업을 수행할 수 있음
- 매크로는 해당 작업에 대한 일련의 명령과 함수를 Microsoft Visual Basic 모듈로 저장한 것으로 Visual Basic 언어를 기반으로 함
- **매크로 이름** : 기록할 매크로 이름을 지정하는 것으로 기본적으로는 매크로1, 매크로2와 같이 붙여짐, 첫 글자는 반드시 문자이어야 하며, 나머지는 문자, 숫자, 밑줄 등을 사용하여 입력할 수 있음
- 매크로 이름에 공백이나 #, @, $, %, & 등의 기호 문자를 사용할 수 없음
- **매크로 실행** : F5
- **한 단계씩 코드 실행** : F8
- **[매크로 보기]의 바로 가기 키** : Alt + F8
- **모듈 창의 커서 위치까지 실행** : Ctrl + F8
- Visual Basic Editor(Alt + F11)를 사용하여 매크로를 편집할 수 있음
- 기록한 매크로는 [보기] 탭-[매크로] 그룹-[매크로]-[매크로 보기]에서 [편집]을 클릭하여 수정할 수 있음

다음 중 매크로의 특징에 대한 설명으로 옳지 않은 것은?

① 매크로 기록을 시작한 후의 키보드나 마우스 동작은 VBA 언어로 작성된 매크로 프로그램으로 자동 생성된다.
② 기록한 매크로는 편집할 수 없으므로 기능과 조작을 추가 또는 삭제할 수 없다.
③ 매크로 실행의 바로 가기 키가 엑셀의 바로 가기 키보다 우선한다.
④ 도형을 이용하여 작성된 텍스트 상자에 매크로를 지정한 후 매크로를 실행할 수 있다.

자동채점 서비스

▶합격 강의

2024년 상시 기출문제 01회

풀이 시간 _____ 분   내 점수 _____ 점

시험 시간	합격 점수	문항수
40분	60점	총 40개

1과목 컴퓨터 일반

참고 파트01-챕터05-섹션02

01 다음 중 정당한 사용자가 정상적으로 시스템을 종료하지 않고 자리를 떠났을 때 비인가된 사용자가 바로 그 자리에서 계속 작업을 수행하여 불법적 접근을 행하는 범죄 행위는?

① 스패밍(Spamming)
② 스푸핑(Spoofing)
③ 스니핑(Sniffing)
④ 피기배킹(Piggybacking)

참고 파트01-챕터01-섹션01

02 다음 중 Windows 10에서 실행 중인 프로그램 사이의 작업 전환을 위해 사용되는 바로 가기 키로 옳은 것은?

① Alt + Tab
② Alt + Enter
③ Alt + F4
④ Shift + Delete

참고 파트01-챕터03-섹션08

03 다음 중 컴퓨터의 인터럽트에 관한 설명으로 옳지 않은 것은?

① 프로그램 실행 중에 현재의 처리 순서를 중단시키고 다른 동작을 수행하도록 하는 것이다.
② 인터럽트 수행을 위한 인터럽트 서비스 루틴 프로그램이 따로 있다.
③ 하드웨어 결함이 생긴 경우에는 인터럽트가 발생하지 않는다.
④ 인터럽트 서브루틴이 끝나면 주프로그램으로 돌아간다.

참고 파트01-챕터04-섹션01

04 다음 중 IPv6 주소에 대한 설명으로 옳지 않은 것은?

① 각 부분은 세미콜론(;)으로 구분되어 있다.
② 각 부분은 16진수로 표현된다.
③ 총 128비트로 구성된다.
④ 8개 부분으로 구성된다.

참고 파트01-챕터04-섹션01

05 다음 중 웹 서버와 사용자의 인터넷 브라우저 간에 하이퍼텍스트 문서 전송을 위해 사용되는 통신 규약으로 옳은 것은?

① FTP
② HTTP
③ SMTP
④ TCP

참고 파트01-챕터04-섹션03

06 다음 중 가상현실(Virtual Reality)에 대한 설명으로 옳은 것은?

① 복잡한 데이터를 단순 가상화하여 컴퓨터 화면에 나타내는 기술이다.
② 여러 영상을 분해, 통합하여 2차원 그래픽으로 표현하는 기술이다.
③ 고화질 영상을 제작하여 TV로 전송하는 기술이다.
④ 고도의 컴퓨터 그래픽 기술과 3차원 기법을 통하여 현실의 세계처럼 구현하는 기술이다.

참고 파트01-챕터03-섹션08

07 다음 중 롬(ROM)에 기록되어 하드웨어를 제어하는 기능을 수행하며, 하드웨어의 성능 향상을 위해 업그레이드할 수 있는 마이크로 프로그램의 집합은?

① 프리웨어(Freeware)
② 셰어웨어(Shareware)
③ 펌웨어(Firmware)
④ 에드웨어(Adware)

참고 파트01-챕터02-섹션01

08 다음 중 컴퓨터의 하드웨어가 올바르게 작동하는지 확인할 수 있고, 문제가 있거나 불필요한 하드웨어 장치를 제거할 수 있는 항목으로 옳은 것은?

① 앱 및 기능
② 장치 관리자
③ 디스플레이
④ 개인 설정

참고 파트01-챕터05-섹션02

09 다음 중 정보의 기밀성을 저해하는 데이터 보안 침해 형태로 옳은 것은?

① 가로채기
② 가로막기
③ 변조/수정
④ 위조

참고 파트01-챕터03-섹션11

10 다음 중 추상화, 캡슐화, 상속성, 다형성 등의 특징을 지니고 있으며, 크고 복잡한 프로그램 구축이 어려운 절차형 언어의 문제점을 해결하기 위해 개발된 프로그래밍 기법은?

① 구조적 프로그래밍
② 객체 지향 프로그래밍
③ 하향식 프로그래밍
④ 비주얼 프로그래밍

참고 파트01-챕터03-섹션01

11 다음 중 컴퓨터의 특징에 관한 설명으로 옳지 않은 것은?

① 컴퓨터에서 사용되는 용어 중 'GIGO'는 입력 데이터가 옳지 않으면 출력 결과도 옳지 않다는 의미의 용어로 'Garbage In Garbage Out'의 약자이다.
② 호환성은 컴퓨터 기종에 상관없이 데이터 값을 동일하게 공유하여 처리할 수 있는 것을 의미한다.
③ 컴퓨터의 처리 속도 단위는 KB, MB, GB, TB 등으로 표현된다.
④ 컴퓨터 사용에는 사무 처리, 학습, 과학 계산 등 다양한 분야에서 이용될 수 있는 특징이 있으며, 이러한 특징을 범용성이라고 한다.

참고 파트01-챕터03-섹션06

12 다음 중 컴퓨터의 보조 기억 장치로 사용하는 SSD(Solid State Drive)의 특징으로 옳지 않은 것은?

① HDD보다 빠른 속도로 데이터의 읽기나 쓰기가 가능하다.
② 물리적인 외부 충격에 약하며 불량 섹터가 발생할 수 있다.
③ 작동 소음이 없으며 전력 소모가 적다.
④ 자기 디스크가 아닌 반도체를 이용하여 데이터를 저장한다.

참고 파트01-챕터03-섹션05

13 다음 중 컴퓨터의 연산 장치에 있는 누산기(Accumulator)에 관한 설명으로 옳은 것은?

① 연산 결과를 일시적으로 기억하는 장치이다.
② 명령의 순서를 기억하는 장치이다.
③ 명령어를 기억하는 장치이다.
④ 명령을 해독하는 장치이다.

참고 파트01-챕터01-섹션01

14 다음 중 운영체제의 기능에 대한 설명으로 옳지 않은 것은?

① 자원의 효율적 관리를 위해 자원의 스케줄링 기능을 지원한다.
② 데이터 및 자원을 공유할 수 있는 기능을 제공한다.
③ 컴퓨터 시스템과 사용자 간에 시각적이고 편리한 인터페이스 기능을 제공한다.
④ 운영체제는 제어 프로그램과 감시 프로그램, 응용 프로그램으로 구성된다.

참고 파트01-챕터04-섹션05

15 다음 중 아래 내용이 설명하는 네트워크 장비는?

> 네트워크에서 디지털 신호를 일정한 거리 이상으로 전송시키면 신호가 감쇠하므로 디지털 신호의 장거리 전송을 위해 수신한 신호를 재생하거나 출력 전압을 높여 전송한다.

① 라우터
② 리피터
③ 브리지
④ 게이트웨이

참고 파트01-챕터05-섹션03

16 다음 중 컴퓨터 바이러스의 예방법으로 가장 거리가 먼 것은?

① 최신 버전의 백신 프로그램을 사용한다.
② 다운로드 받은 파일은 작업에 사용하기 전에 바이러스 검사 후 사용한다.
③ 전자우편에 첨부된 파일은 다른 이름으로 저장하고 사용한다.
④ 네트워크 공유 폴더에 있는 파일은 읽기 전용으로 지정한다.

참고 파트01-챕터05-섹션01

17 다음 중 외부로부터의 손상이나 변형을 대비할 수 있어 최근에 저작권을 보호하기 위한 기술 중 하나로 많이 사용되는 것은?

① 디지털 워터마크(Digital Watermark)
② 방화벽
③ 펌웨어
④ 트랩 도어(Trap Door)

참고 파트01-챕터04-섹션01

18 다음 중 TCP/IP 프로토콜에서 IP 프로토콜의 개요 및 기능에 관한 설명으로 옳은 것은?

① 메시지를 송수신의 주소와 정보로 묶어 패킷 단위로 나눈다.
② 패킷 주소를 해석하고 경로를 결정하여 다음 호스트로 전송한다.
③ 전송 데이터의 흐름을 제어하고 데이터의 에러 유무를 검사한다.
④ OSI 7계층 중 전송(Transport) 계층에 해당한다.

참고 파트01-챕터03-섹션08

19 다음 중 컴퓨터에서 사용하는 USB 장치에 대한 설명으로 옳지 않은 것은?

① 최대 127개의 주변 기기 연결이 가능하다.
② 전원이 연결된 상태에서도 연결 및 제거가 가능하다.
③ 기존의 직렬, 병렬, PS/2 포트 등을 하나의 포트로 대체하기 위한 범용 직렬 버스 장치이다.
④ 한 번에 8비트의 데이터가 동시에 전송되는 방식이다.

참고 파트01-챕터01-섹션03

20 다음 중 삭제된 파일이 [휴지통]에 임시 보관되어 복원이 가능한 경우는?

① 바탕 화면에 있는 파일을 [휴지통]으로 드래그 앤 드롭하여 삭제한 경우
② USB 메모리에 저장되어 있는 파일을 Delete 로 삭제한 경우
③ 네트워크 드라이브의 파일을 바로 가기 메뉴의 [삭제]를 클릭하여 삭제한 경우
④ Shift + Delete 로 삭제한 경우

2과목 **스프레드시트 일반**

참고 파트02-챕터03-섹션04

21 다음 중 함수식에 대한 결과가 옳지 않은 것은?

① =Trunc(−5.6) → −5
② =Power(2,3) → 6
③ =Int(−7.2) → −8
④ =Mod(−7,3) → 2

참고 파트02-챕터03-섹션06

22 다음 중 아래의 워크시트에서 '=INDEX(B2:D11,3,3)' 수식을 실행한 결과로 옳은 것은?

▲	A	B	C	D
1	코드	정가	판매수량	판매가격
2	a-001	12,500	890	11,125,000
3	a-002	23,000	690	15,870,000
4	a-003	32,000	300	9,600,000
5	a-004	44,000	500	22,000,000
6	a-005	19,000	120	2,280,000
7	b-001	89,000	300	26,700,000
8	b-002	25,000	90	2,250,000
9	b-003	26,000	110	2,860,000
10	b-004	11,000	210	2,310,000
11	b-005	33,000	500	16,500,000

① 690
② 15,870,000
③ 9,600,000
④ 22,000,000

참고 파트02-챕터06-섹션01

23 다음 중 아래의 차트에 대한 설명으로 옳지 않은 것은?

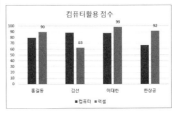

① 엑셀 계열에만 데이터 레이블이 표시되어 있다.
② '계열 겹치기' 값이 음수로 설정되어 있다.
③ [차트 디자인] 탭-[데이터] 그룹에서 '행/열 전환'을 실행하면 세로(값) 축과 가로(항목) 축이 상호 변경된다.
④ 범례는 아래쪽으로 설정되어 있다.

참고 파트02-챕터04-섹션01

24 다음 중 정렬에 관한 설명으로 옳지 않은 것은?

① 특정 글꼴 색이 적용된 셀을 포함한 행이 위에 표시되도록 정렬할 수 있다.
② 사용자 지정 목록을 사용하여 사용자가 정의한 순서대로 정렬할 수 있다.
③ 최대 64개의 열을 기준으로 정렬할 수 있다.
④ 위쪽에서 아래쪽으로 정렬 시 숨겨진 행도 포함하여 정렬할 수 있다.

참고 파트02-챕터02-섹션01

25 다음 중 워크시트에서 셀에 데이터를 입력하는 중에 Alt + Enter 를 누른 경우 발생하는 현상으로 옳은 것은?

① 다음 입력할 셀로 이동한다.
② 데이터의 입력이 종료된다.
③ 현재 입력하는 셀에서 줄 바꿈이 일어난다.
④ 이미 입력 중인 데이터가 삭제된다.

참고 파트02-챕터06-섹션02

26 다음 중 3차원 차트로 작성이 가능한 차트로 옳은 것은?

① 주식형 차트
② 방사형 차트
③ 도넛형 차트
④ 표면형 차트

참고 파트02-챕터04-섹션05

27 다음 중 피벗 테이블에 대한 설명으로 옳지 않은 것은?

① 예상값을 계산하는 데 유용하다.
② 원본 데이터가 변경되어도 피벗 테이블은 자동으로 변경되지 않는다.
③ 합계, 평균, 최대값, 최소값을 구할 수 있다.
④ 원본 데이터 목록의 행이나 열의 위치를 변경하여 다양한 형태로 표시할 수 있다.

참고 파트02-챕터04-섹션02

28 다음 중 자동필터가 설정된 표에서 사용자 지정 필터를 사용하여 검색이 불가능한 조건은?

① 성별이 '남자'인 데이터
② 성별이 '남자'이고, 주소가 '서울'인 데이터
③ 나이가 '20'세 이하이거나 '60'세 이상인 데이터
④ 주소가 '서울'이거나 직업이 '학생'인 데이터

참고 파트02-챕터05-섹션03

29 다음 중 워크시트의 [틀 고정] 기능에 관한 설명으로 옳지 않은 것은?

① 워크시트에서 화면을 스크롤할 때 행 또는 열 레이블이 계속 표시되도록 설정하는 기능이다.
② 행과 열을 모두 잠그려면 창을 고정할 위치의 오른쪽 아래 셀을 클릭한 후 '틀 고정'을 실행한다.
③ [틀 고정] 기능에는 현재 선택 영역을 기준으로 하는 '틀 고정' 외에도 '첫 행 고정', '첫 열 고정' 등의 옵션이 있다.
④ 화면에 표시되는 틀 고정 형태는 인쇄 시에도 그대로 적용되어 출력된다.

참고 파트02-챕터07-섹션01

30 다음 중 새 매크로를 기록할 때의 과정에 대한 설명으로 옳지 않은 것은?

① Alt + F8 을 눌러 매크로 기록 대화 상자를 실행시켰다.
② 매크로 이름을 '서식변경'으로 지정하였다.
③ 바로 가기 키를 Ctrl + Shift + C 로 지정하였다.
④ 매크로 저장 위치를 '새 통합 문서'로 지정하였다.

참고 파트02-챕터03-섹션04

31 다음 중 아래 워크시트에서 [A1:A2] 영역은 '범위1', [B1:B2] 영역은 '범위2'로 이름이 정의되어 있는 경우 각 수식의 결과로 옳지 않은 것은?

◢	A	B
1	1	2
2	3	4

① =COUNT(범위1, 범위2) → 4
② =AVERAGE(범위1, 범위2) → 2.5
③ =MODE.SNGL(범위1, 범위2) → 4
④ =SUM(범위1, 범위2) → 10

참고 파트02-챕터02-섹션01

32 다음 중 메모에 대한 설명으로 옳지 않은 것은?

① 통합 문서에 포함된 메모를 시트에 표시된 대로 인쇄하거나 시트 끝에 인쇄할 수 있다.
② 메모에는 어떠한 문자나 숫자, 특수 문자도 지정하여 표현할 수 있다.
③ 모든 메모를 표시하려면 [검토] 탭의 [메모] 그룹에서 '메모 모두 표시'를 클릭한다.
④ 셀에 입력된 데이터를 지우면 메모도 자동으로 삭제된다.

참고 파트02-챕터05-섹션02

33 다음 중 [페이지 설정] 대화 상자에서 실행 가능한 작업이 아닌 것은?

① [페이지] 탭에서 '자동 맞춤' 옵션을 이용하여 한 장에 모아서 인쇄할 수 있다.

② [여백] 탭에서 '페이지 나누기' 옵션을 이용하여 새 페이지가 시작되는 위치를 설정할 수 있다.

③ [머리글/바닥글] 탭에서 머리말과 꼬리말이 짝수와 홀수 페이지에 다르게 표시되도록 설정할 수 있다.

④ [시트] 탭에서 '간단하게 인쇄' 옵션을 이용하여 워크시트에 삽입된 차트나 일러스트레이션 개체 등이 인쇄되지 않도록 설정할 수 있다.

참고 파트02-챕터04-섹션07

34 아래 워크시트에서 할인율을 변경하여 '판매가격'의 목표값을 800,000으로 변경하려고 할 때, [목표값 찾기] 대화 상자의 수식 셀에 입력할 값으로 옳은 것은?

▲	A	B	C	D
1	할인율	10%		
2	제품명	수량	단가	판매가격
3	마이크	10	100,000	900,000

목표값 찾기 ? ✕
수식 셀(E):
찾는 값(V): 800000
값을 바꿀 셀(C):
확인   취소

① D3   ② C3
③ B1   ④ B3

참고 파트02-챕터01-섹션03

35 다음 중 워크시트 관리에 대한 설명으로 옳지 않은 것은?

① Shift 를 이용하여 시트 그룹을 설정할 수 있다.

② 여러 개의 워크시트를 선택한 후 Ctrl 을 누른 채 시트 탭을 드래그하면 선택된 시트들이 복사된다.

③ 시트 이름에는 공백을 사용할 수 없으며, 최대 256자까지 지정할 수 있다.

④ 시트 보호를 설정해도 시트의 이름 바꾸기 및 숨기기 작업을 수행할 수 있다.

참고 파트02-챕터04-섹션02

36 다음 중 근무 기간이 15년 이상이면서 나이가 50세 이상인 직원의 데이터를 조회하기 위한 고급 필터의 조건으로 옳은 것은?

①
근무 기간	나이
>=15	>=50

②
근무 기간	나이
>=15	
	>=50

③
근무 기간	>=15
나이	>=50

④
근무 기간	>=50	
나이		>=50

참고 파트02-챕터04-섹션04

37 다음 중 부분합에 대한 설명으로 옳지 않은 것은?

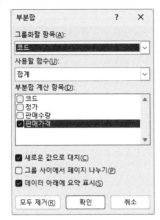

① 부분합을 실행하면 각 부분합에 대한 정보 행을 표시하거나 숨길 수 있도록 목록에 개요가 자동으로 설정된다.
② 부분합은 한 번에 한 개의 함수만 계산할 수 있으므로 두 개 이상의 함수를 이용하려면 함수의 개수만큼 부분합을 중첩해서 삽입해야 한다.
③ '새로운 값으로 대치'를 선택하면 이전의 부분합의 결과는 제거되고 새로운 부분합의 결과로 변경된다.
④ 그룹화할 항목으로 선택된 필드는 자동으로 오름차순 정렬하여 부분합이 계산된다.

참고 파트02-챕터03-섹션05

38 다음 중 학점 [B3:B10]을 이용하여 [E3:E7] 영역에 학점별 학생 수만큼 '♣' 기호를 표시하고자 할 때, [E3] 셀에 입력해야 할 수식으로 옳은 것은?

▲	A	B	C	D	E
1	엑셀 성적 분포				
2	이름	학점		학점	성적그래프
3	김현미	A		A	♣
4	조미림	B		B	♣♣♣♣
5	심기훈	F		C	♣
6	박원석	C		D	
7	이영준	B		F	♣♣
8	최세종	F			
9	김수현	B			
10	이미도	B			
11					

① =REPT("♣", COUNTIF(D3, $B$3:$B$10))
② =REPT(COUNTIF(D3, $B$3:$B$10), "♣")
③ =REPT("♣", COUNTIF($B$3:$B$10, D3))
④ =REPT(COUNTIF($B$3:$B$10, D3), "♣")

참고 파트02-챕터07-섹션01

39 다음 중 엑셀에서 사용하는 바로 가기 키와 같은 키로 매크로의 바로 가기 키를 지정했을 경우, 해당 바로 가기 키를 눌렀을 때 실행되는 것은?

① 충돌하므로 오류 메시지가 표시된다.
② 매크로의 바로 가기 키가 동작한다.
③ 엑셀의 바로 가기 키가 동작한다.
④ 아무런 동작도 수행되지 않는다.

참고 파트02-챕터03-섹션02

40 아래 표에서 원금 [C4:F4]과 이율 [B5:B8]을 각각 곱하여 수익금액 [C5:F8]을 계산하기 위해서, [C5] 셀에 수식을 입력하고 나머지 모든 셀은 [자동 채우기] 기능으로 채우려고 한다. 다음 중 [C5] 셀에 입력할 수식으로 옳은 것은?

▲	A	B	C	D	E	F
1			이율과 원금에 따른 수익금액			
2						
3			원금			
4			5,000,000	10,000,000	30,000,000	500,000,000
5	이	1.5%				
6	율	2.3%				
7		3.0%				
8		5.0%				

① =C4*B5
② =$C4*B$5
③ =C$4*$B5
④ =$C$4*$B$5

2024년 상시 기출문제 02회

풀이 시간 _____ 분   내 점수 _____ 점

시험 시간	합격 점수	문항수
40분	60점	총 40개

1과목 컴퓨터 일반

참고 파트01-챕터05-섹션02

01 다음 중 비정상적 접근을 탐지할 위장 서버를 의도적으로 설치하여 해커를 유인한 뒤, 추적 장치를 통해 해킹에 대비하고 사이버 테러를 방지하는 기술은?

① 방화벽
② DDoS
③ 허니팟(Honeypot)
④ 루트킷(Rootkit)

참고 파트01-챕터05-섹션03

02 다음 중 마이크로소프트사의 엑셀이나 워드와 같은 파일을 매개로 하고 특정 응용 프로그램으로 매크로가 사용되면 감염이 확산하는 형태의 바이러스는?

① 부트(Boot) 바이러스
② 파일(File) 바이러스
③ 부트(Boot) & 파일(File) 바이러스
④ 매크로(Macro) 바이러스

참고 파트01-챕터03-섹션05

03 다음 중 컴퓨터 내부에서 중앙 처리 장치와 메모리 사이의 데이터 전송을 위해 사용되는 버스(Bus)로 옳지 않은 것은?

① 제어 버스(Control Bus)
② 프로그램 버스(Program Bus)
③ 데이터 버스(Data Bus)
④ 주소 버스(Address Bus)

참고 파트01-챕터04-섹션04

04 다음 중 멀티미디어 파일 형식 중에서 형식이 다른 것은?

① .wmv
② .png
③ .gif
④ .jpg

참고 파트01-챕터03-섹션06

05 다음 중 플래시 메모리(Flash Memory)에 관한 설명으로 옳지 않은 것은?

① 비휘발성 메모리이다.
② 전송 속도가 빠르다.
③ 트랙 단위로 저장된다.
④ 전력 소모가 적다.

참고 파트01-챕터03-섹션07

06 다음 중 모니터 화면의 이미지를 얼마나 세밀하게 표시할 수 있는가를 나타내는 정보로 픽셀 수에 따라 결정되는 것은?

① 재생률(Refresh Rate)
② 해상도(Resolution)
③ 색깊이(Color Depth)
④ 색공간(Color Space)

참고 파트01-챕터05-섹션02

07 다음 중 컴퓨터 범죄에 해당하지 않는 것은?

① 인터넷 쇼핑몰 상품 가격 비교표 작성
② 전자 문서의 불법 복사
③ 전산망을 이용한 개인 정보 유출
④ 컴퓨터 시스템 해킹을 통한 중요 정보의 위조나 변조

참고 파트01-챕터03-섹션13

08 다음 중 한글 Windows에서 하드디스크에 저장된 파일을 다시 정렬하는 단편화 제거 과정을 통해 디스크의 파일 읽기/쓰기 성능을 향상시키는 프로그램으로 옳은 것은?

① 디스크 검사
② 디스크 정리
③ 디스크 포맷
④ 드라이브 조각 모음 및 최적화

참고 파트01-챕터03-섹션03

09 다음 중 디지털 컴퓨터와 아날로그 컴퓨터의 차이점에 대한 설명으로 옳은 것은?

① 아날로그 컴퓨터는 미분이나 적분 연산을 수행한다.
② 디지털 컴퓨터는 전류, 전압, 온도 등 다양한 입력 값을 처리한다.
③ 아날로그 컴퓨터는 범용이다.
④ 디지털 컴퓨터는 증폭 회로로 구성된다.

참고 파트01-챕터03-섹션04

10 다음 중 컴퓨터에서 문자 데이터를 표현하는 코드로 옳지 않은 것은?

① BCD
② ASCII
③ EBCDIC
④ Hamming Code

참고 파트01-챕터03-섹션13

11 다음 중 한글 Windows 10에서 하드디스크를 포맷하기 위한 [포맷] 창에서 수행 가능한 작업으로 옳지 않은 것은?

① 파일 시스템 선택
② 볼륨 레이블 입력
③ 파티션 제거
④ 빠른 포맷

참고 파트01-챕터03-섹션06

12 다음 중 컴퓨터에서 사용하는 캐시 메모리에 관한 설명으로 옳은 것은?

① RAM의 종류 중 DRAM이 캐시 메모리로 사용된다.
② 주기억 장치의 용량보다 큰 프로그램을 로딩하여 실행시킬 경우에 사용된다.
③ 보조 기억 장치의 일부를 주기억 장치처럼 사용하는 메모리이다.
④ 중앙 처리 장치와 주기억 장치 사이에 위치하여 컴퓨터의 처리 속도를 향상시키는 역할을 한다.

참고 파트01-챕터02-섹션01

13 다음 중 한글 Windows 10의 [설정]-[접근성]에서 설정할 수 없는 기능은?

① 다중 디스플레이 설정으로 두 대의 모니터에 화면을 확장하여 표시할 수 있다.
② 돋보기를 사용하여 화면에서 원하는 영역을 확대하여 크게 표시할 수 있다.
③ 내레이터를 사용하여 화면의 모든 텍스트를 소리 내어 읽도록 설정할 수 있다.
④ 키보드가 없어도 입력 가능한 화상 키보드를 표시할 수 있다.

참고 파트01-챕터03-섹션06

14 다음 중 컴퓨터에서 사용하는 일반 하드디스크에 비하여 속도가 빠르고 기계적 지연이나 에러의 확률 및 발열 소음이 적으며, 소형화, 경량화할 수 있는 하드디스크 대체 저장 장치로 옳은 것은?

① DVD
② HDD
③ SSD
④ ZIP

참고 파트01-챕터01-섹션03

15 다음 중 한글 Windows 10의 파일 탐색기에서 파일이나 폴더를 선택하는 방법으로 옳은 것은?

① 폴더 내의 모든 항목을 선택하려면 Alt + A 를 누른다.
② 선택한 항목 중에서 하나 이상의 항목을 제외하려면 Ctrl 을 누른 상태에서 제외할 항목을 클릭한다.
③ 연속되어 있지 않은 파일이나 폴더를 선택하려면 Shift 를 누른 상태에서 선택하려는 각 항목을 클릭한다.
④ 연속되는 여러 개의 파일이나 폴더 그룹을 선택하려면 첫째 항목을 클릭한 다음 Ctrl 을 누른 상태에서 마지막 항목을 클릭한다.

참고 파트01-챕터04-섹션05

16 다음 중 사물인터넷(IoT)에 대한 설명으로 옳지 않은 것은?

① 전기 생산부터 소비까지 전 과정에 정보 통신 기술을 접목하여 에너지 효율성을 높인다.
② 스마트 센싱 기술과 무선통신 기술을 융합하여 실시간으로 데이터를 주고받는다.
③ 모든 사물을 네트워크로 연결하여 소통하는 정보 통신 환경을 의미한다.
④ 개방형 정보 공유에 대한 부작용을 최소화하기 위해 정보보안 기술의 적용이 필요하다.

참고 파트01-챕터04-섹션01

17 다음 중 인터넷상에 존재하는 각종 자원들의 위치를 같은 형식으로 나타내기 위한 표준주소 체계를 뜻하는 용어로 옳은 것은?

① DNS
② URL
③ HTTP
④ NIC

참고 파트01-챕터04-섹션05

18 다음 중 소형화, 경량화 등 음성과 동작을 인식하는 기술이 적용되어 장소에 구애받지 않고 컴퓨터를 이용할 수 있도록 몸에 착용하는 컴퓨터를 의미하는 것으로 옳은 것은?

① 인공 지능 컴퓨터
② 마이크로 컴퓨터
③ 서버 컴퓨터
④ 웨어러블 컴퓨터

참고 파트01-챕터01-섹션04

19 다음 중 [메모장]의 기능에 대한 설명으로 옳지 않은 것은?

① 자동 줄 바꿈 기능이 지원된다.
② 머리글/바닥글을 설정할 수 있다.
③ F5 를 눌러 시간과 날짜를 입력할 수 있다.
④ 문단 정렬과 문단 여백을 설정할 수 있다.

참고 파트01-챕터03-섹션11

20 다음 중 차세대 웹 표준으로 텍스트와 하이퍼링크를 이용한 문서 작성 중심으로 구성된 기존 표준에 비디오, 오디오 등의 다양한 부가 기능을 추가하여 최신 멀티미디어 콘텐츠를 ActiveX 없이도 웹 서비스로 제공할 수 있는 언어는?

① XML
② VRML
③ HTML5
④ JSP

2과목 스프레드시트 일반

참고 파트02-챕터07-섹션01

21 다음 중 매크로의 바로 가기 키에 관한 설명으로 옳지 않은 것은?

① 기본적으로 조합키 Ctrl 과 함께 사용할 영문자를 지정한다.

② 바로 가기 키 지정 시 영문자를 대문자로 입력하면 조합키는 Ctrl + Shift 로 변경된다.

③ 바로 가기 키로 영문자와 숫자를 함께 지정할 때는 조합키로 Alt 를 함께 사용해야 한다.

④ 바로 가기 키를 지정하지 않아도 매크로를 기록할 수 있다.

참고 파트02-챕터01-섹션03

22 다음 중 워크시트에 대한 설명으로 옳지 않은 것은?

① 여러 개의 시트를 한 번에 선택하면 제목 표시줄의 파일명 뒤에 [그룹]이 표시된다.

② 선택된 시트의 왼쪽에 새로운 시트를 삽입하려면 Shift + F11 을 누른다.

③ 마지막 작업이 시트 삭제인 경우 빠른 실행 도구 모음의 '실행 취소(🔙)'를 클릭하여 되살릴 수 있다.

④ 동일한 통합 문서 내에서 시트를 복사하면 원래의 시트 이름에 '(일련번호)' 형식이 추가되어 시트 이름이 만들어진다.

참고 파트02-챕터02-섹션01

23 다음 중 하이퍼링크에 대한 설명으로 옳지 않은 것은?

① 단추에는 하이퍼링크를 지정할 수 있지만 도형에는 하이퍼링크를 지정할 수 없다.

② 다른 통합 문서에 있는 특정 시트의 특정 셀로 하이퍼링크를 지정할 수 있다.

③ 특정 웹사이트로 하이퍼링크를 지정할 수 있다.

④ 현재 사용 중인 통합 문서의 다른 시트로 하이퍼링크를 지정할 수 있다.

참고 파트02-챕터03-섹션04

24 다음 중 [A7] 셀에 수식 '=SUMIFS(D2:D6, A2:A6, "연필", B2:B6, "서울")'을 입력한 경우 그 결과 값은?

	A	B	C	D
1	품목	대리점	판매계획	판매실적
2	연필	경기	150	100
3	볼펜	서울	150	200
4	연필	서울	300	300
5	볼펜	경기	300	400
6	연필	서울	300	200

① 100

② 500

③ 600

④ 750

참고 파트02-챕터03-섹션01

25 워크시트의 [F8] 셀에 수식 "=E8/$F5"를 입력하는 중 '$'를 한글 'ㄴ'으로 잘못 입력하였다. 이 경우 [F8] 셀에 나타나는 오류 메시지로 옳은 것은?(단, [E8] 셀과 [F5] 셀에는 숫자 100과 20이 입력되어 있다.)

① #N/A

② #NAME?

③ #NULL!

④ #VALUE!

참고 파트02-챕터06-섹션04

26 다음 차트는 엑셀 점수에 대한 예측을 표시한 것이다. 이때 사용한 기능으로 옳은 것은?

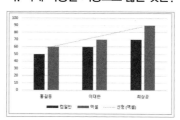

① 자동 합계

② 추세선

③ 오차 막대

④ 평균 구하기

참고 파트02-챕터05-섹션02

27 다음 중 [페이지 설정] 대화 상자의 [시트] 탭에 대한 설명으로 옳지 않은 것은?

① [행/열 머리글] 항목은 행/열 머리글이 인쇄되도록 설정하는 기능이다.
② [인쇄 제목] 항목을 이용하면 특정 부분을 페이지마다 반복적으로 인쇄할 수 있다.
③ [눈금선] 항목을 선택하여 체크 표시하면 작업시트의 셀 구분선은 인쇄되지 않는다.
④ [메모] 항목에서 '(없음)'을 선택하면 셀에 메모가 있더라도 인쇄되지 않는다.

참고 파트02-챕터03-섹션06

28 다음 아래의 왼쪽 시트에서 번호 열의 3행을 삭제하더라도 오른쪽 시트처럼 번호 순서가 1, 2, 3, 4, 5처럼 유지되게 하는 방법으로 옳은 것은?

▲	A	B
1	번호	
2	1	
3	2	
4	3	
5	4	
6	5	
7	6	
8		

▶

▲	A	B
1	번호	
2	1	
3	2	
4	3	
5	4	
6	5	
7		
8		

① [A2] 셀에 =row()를 입력하고 채우기 핸들을 [A7] 셀까지 복사한다.
② [A2] 셀에 =column()을 입력하고 채우기 핸들을 [A7] 셀까지 복사한다.
③ [A2] 셀에 =row()-1을 입력하고 채우기 핸들을 [A7] 셀까지 복사한다.
④ [A2] 셀에 =column()-1을 입력하고 채우기 핸들을 [A7] 셀까지 복사한다.

참고 파트02-챕터04-섹션01

29 다음 중 정렬 기능에 대한 설명으로 옳지 않은 것은?

① 워크시트에 입력된 자료들을 특정한 순서에 따라 재배열하는 기능이다.
② 정렬 옵션 방향은 '위쪽에서 아래쪽' 또는 '왼쪽에서 오른쪽' 중 선택하여 정렬할 수 있다.
③ 오름차순 정렬과 내림차순 정렬에서 공백은 맨 처음에 위치하게 된다.
④ 선택한 데이터 범위의 첫 행을 머리글 행으로 지정할 수 있다.

참고 파트02-챕터03-섹션05,06

30 다음 중 아래 워크시트에서 [E2] 셀의 함수식이 =CHOOSE(RANK.EQ(D2, $D$2:$D$5), "천하", "대한", "영광", "기쁨")일 때 결과 값으로 옳은 것은?

▲	A	B	C	D	E
1	성명	이론	실기	합계	수상
2	김나래	47	45	92	
3	이석주	38	47	85	
4	박명호	46	48	94	
5	장영민	49	48	97	

① 천하   ② 대한
③ 영광   ④ 기쁨

참고 파트02-챕터03-섹션06

31 다음 중 아래의 워크시트에서 '박지성'의 결석 값을 찾기 위한 함수식은?

▲	A	B	C	D
1	성적표			
2	이름	중간	기말	결석
3	김남일	86	90	4
4	이천수	70	80	2
5	박지성	95	85	5

① =VLOOKUP("박지성", $A$3:$D$5, 4, 1)
② =VLOOKUP("박지성", $A$3:$D$5, 4, 0)
③ =HLOOKUP("박지성", $A$3:$D$5, 4, 0)
④ =HLOOKUP("박지성", $A$3:$D$5, 4, 1)

참고 파트02-챕터02-섹션06

32 다음 중 입력 데이터에 주어진 표시 형식으로 지정한 경우 그 결과가 옳지 않은 것은?

	입력 데이터	표시 형식	표시 결과
①	7.5	#.00	7.50
②	4.398	???.???	044.398
③	12,200,000	#,##0,	12,200
④	상공상사	@ "귀중"	상공상사 귀중

참고 파트02-챕터01-섹션02

33 다음 중 통합 문서 저장 시 설정할 수 있는 [일반 옵션]에 대한 설명으로 옳지 않은 것은?

① '백업 파일 항상 만들기'에 체크 표시한 경우에는 파일 저장 시 자동으로 백업 파일이 만들어진다.

② '열기 암호'를 지정한 경우에는 열기 암호를 입력해야 파일을 열 수 있고 암호를 모르면 파일을 열 수 없다.

③ '쓰기 암호'가 지정된 경우에는 파일을 수정하고 다른 이름으로 저장 시 '쓰기 암호'를 입력해야 한다.

④ '읽기 전용 권장'에 체크 표시한 경우에는 파일을 열 때 읽기 전용으로 열지 여부를 묻는 메시지가 표시된다.

참고 파트02-챕터04-섹션03

34 다음 중 [데이터 유효성] 대화 상자의 [설정] 탭에서 '제한 대상' 목록에 해당하지 않는 것은?

① 정수
② 소수점
③ 목록
④ 텍스트 형식

참고 파트02-챕터05-섹션02

35 [페이지 설정] 대화 상자의 [시트] 탭에서 '반복할 행'에 [$4:$4]을 지정하고 워크시트 문서를 출력하였다. 다음 중 출력 결과에 대한 설명으로 옳은 것은?

① 첫 페이지만 1행부터 4행의 내용이 반복되어 인쇄된다.

② 모든 페이지에 4행의 내용이 반복되어 인쇄된다.

③ 모든 페이지에 4열의 내용이 반복되어 인쇄된다.

④ 모든 페이지에 4행과 4열의 내용이 반복되어 인쇄된다.

참고 파트02-챕터06-섹션02

36 다음 중 항목의 구성비를 표현하는 데 적합한 원형 차트와 도넛형 차트에 대한 설명으로 옳지 않은 것은?

① 원형 차트는 첫째 조각의 각을 0도에서 360도 사이의 값을 이용하여 회전시킬 수 있으나 도넛형 차트는 첫째 조각의 각을 회전시킬 수 없다.

② 도넛형 차트의 도넛 구멍 크기는 0%에서 90% 사이의 값으로 변경할 수 있다.

③ 도넛형 차트는 원형 차트와 마찬가지로 전체에 대한 각 부분의 구성비를 보여 주지만 데이터 계열이 두 개 이상 포함될 수 있다는 점이 다르다.

④ 원형 차트의 모든 조각을 차트 중심에서 끌어낼 수 있다.

참고 파트02-챕터01-섹션03

37 다음 중 [시트 보호] 기능에 대한 설명으로 옳지 않은 것은?

① 워크시트에 있는 셀을 보호하기 위해서는 먼저 셀의 '잠금' 속성을 해제해야 한다.

② 새 워크시트의 모든 셀은 기본적으로 '잠금' 속성이 설정되어 있다.

③ 시트 보호를 설정하면 셀에 데이터를 입력하거나 수정하려고 했을 때 경고 메시지가 나타난다.

④ 셀의 '잠금' 속성과 '숨김' 속성은 시트를 보호하기 전까지는 아무런 효과를 내지 못한다.

참고 파트02-챕터02-섹션05

38 다음 중 아래 시트에서 [A1] 셀을 선택하고 채우기 핸들을 [A4] 셀까지 드래그했을 때 [A4] 셀에 입력되는 값은?

① 1학년 1반 001번
② 1학년 1반 004번
③ 1학년 4반 001번
④ 4학년 4반 004번

참고 파트02-챕터04-섹션05

39 다음 중 피벗 테이블과 피벗 차트에 대한 설명으로 옳지 않은 것은?

① 새 워크시트에 피벗 테이블을 생성하면 보고서 필터의 위치는 [A1] 셀, 행 레이블은 [A3] 셀에서 시작한다.

② 피벗 테이블과 연결된 피벗 차트가 있는 경우 피벗 테이블에서 [피벗 테이블 분석]의 [모두 지우기] 명령을 사용하면 피벗 테이블과 피벗 차트의 필드, 서식 및 필터가 제거된다.

③ 하위 데이터 집합에도 필터와 정렬을 적용하여 원하는 정보만 강조할 수 있으나 조건부 서식은 적용되지 않는다.

④ [피벗 테이블 옵션] 대화 상자에서 오류 값을 빈 셀로 표시하거나 빈 셀에 원하는 값을 지정하여 표시할 수도 있다.

참고 파트02-챕터02-섹션01

40 다음 중 윗주에 대한 설명으로 옳지 않은 것은?

① 윗주에 입력된 텍스트 중 일부분의 서식을 별도로 변경할 수 있다.

② 윗주는 삽입해도 바로 표시되지 않고 [홈] 탭-[글꼴] 그룹-[윗주 필드 표시/숨기기]를 선택해야만 표시된다.

③ 윗주는 셀에 대한 주석을 설정하는 것으로 문자열 데이터가 입력되어 있는 셀에만 표시할 수 있다.

④ 셀의 데이터를 삭제하면 윗주도 함께 삭제된다.

빠른 정답 확인 QR
스마트폰으로 QR을 찍으면 정답표가 오픈됩니다.
기출문제를 편리하게 채점할 수 있습니다.

2024년 상시 기출문제 03회

풀이 시간 _____ 분   내 점수 _____ 점

시험 시간	합격 점수	문항수
40분	60점	총 40개

1과목 컴퓨터 일반

참고 파트01-챕터03-섹션11

01 다음 중 컴퓨터에서 사용하는 언어 번역 프로그램으로 옳지 않은 것은?

합격
강의

① 인터프리터
② 유틸리티
③ 컴파일러
④ 어셈블러

참고 파트01-챕터03-섹션06

02 다음 중 프로그램이 실행될 때 발생하는 메인 메모리 부족 문제를 보완하기 위해 하드디스크의 일부를 메인 메모리처럼 사용하게 하는 메모리 관리 기법을 의미하는 것은?

① 캐시 메모리
② 디스크 캐시
③ 연관 메모리
④ 가상 메모리

참고 파트01-챕터03-섹션04

03 다음 중 유니코드(Unicode)에 대한 설명으로 옳은 것은?

합격
강의

① 문자를 2Byte로 표현한다.
② 표현 가능한 문자 수는 최대 256자이다.
③ 영문자를 7비트, 한글이나 한자를 16비트로 처리한다.
④ 한글은 KB 완성형으로 표현한다.

참고 파트01-챕터04-섹션04

04 다음 중 미디(MIDI)에 대한 설명으로 틀린 것은?

① 미디는 전자 악기와 컴퓨터 간의 상호 정보 교환을 위한 규약이다.
② 미디는 음을 어떻게 연주할 것인지에 대한 정보 즉, 음의 높이 및 음표의 길이, 음의 강약 등에 대한 정보를 표현한다.
③ 실제 음을 듣기 위해서는 그 음을 발생시켜 주는 장치(신디사이저)가 필요하다.
④ 미디 파일은 음성이나 효과음을 저장할 수 있어 재생이 빠르지만 용량이 크다는 단점이 있다.

참고 파트01-챕터04-섹션02

05 다음 중 영상 신호와 음향 신호를 압축하지 않고 통합하여 전송하는 고선명 멀티미디어 인터페이스로 S-비디오, 컴포지트 등의 아날로그 케이블보다 고품질의 음향 및 영상을 감상할 수 있는 것은?

① DVI
② USB
③ HDMI
④ IEEE-1394

참고 파트01-챕터02-섹션01

06 다음 중 한글 Windows 10에서 시각 장애가 있는 사용자가 컴퓨터를 사용하기에 편리하도록 설정할 수 있는 기능은?

① 동기화 센터
② 사용자 정의 문자 편집기
③ 접근성
④ 프로그램 호환성 마법사

참고 파트01-챕터03-섹션10

07 유틸리티에 대한 설명 중 가장 옳지 않은 것은?

① 알집 프로그램은 파일을 압축하거나 압축을 풀 때 사용하는 프로그램이다.
② FTP는 파일 전송 프로토콜로 서버에 파일을 올릴 때 사용하는 프로그램이다.
③ V3 유틸리티는 파일 감염 여부를 점검은 하지만 치료는 하지 못한다.
④ PDF 뷰어는 PDF(Portable Document Format) 형식의 파일을 볼 수 있는 프로그램이다.

참고 파트01-챕터04-섹션02

08 다음 중 인터넷을 이용한 전자 우편에 관한 설명으로 옳지 않은 것은?

① 기본적으로 8비트의 유니코드를 사용하여 메시지를 전달한다.
② 전자 우편 주소는 '사용자ID@호스트 주소'의 형식으로 이루어진다.
③ SMTP, POP3, MIME 등의 프로토콜을 사용한다.
④ 보내기, 회신, 첨부, 전달, 답장 등의 기능이 있다.

참고 파트01-챕터01-섹션03

09 다음 중 한글 Windows의 [폴더 옵션] 창에서 할 수 있는 작업으로 옳지 않은 것은?

① 선택된 폴더에 암호를 설정할 수 있다.
② 한 번 클릭해서 창 열기를 하도록 설정할 수 있다.
③ 새 창에서 폴더 열기를 할 수 있게 설정할 수 있다.
④ 알려진 파일 형식의 파일 확장명 숨기기를 설정할 수 있다.

참고 파트01-챕터04-섹션01

10 다음 중 국제 표준화 기구에서 네트워크 통신의 접속에서부터 완료까지의 과정을 구분하여 정의한 통신 규약 명칭은?

① Network 3계층
② Network 7계층
③ OSI 3계층
④ OSI 7계층

참고 파트01-챕터04-섹션05

11 다음 중 중앙 컴퓨터와 일정 지역의 단말 장치까지는 하나의 통신 회선으로 연결시키고, 이웃하는 단말 장치는 일정 지역 내에 설치된 중간 단말 장치로부터 다시 연결시키는 형태로 분산 처리 환경에 적합한 망의 구성 형태는?

참고 파트01-챕터03-섹션04

12 다음 중 처리할 데이터를 일정한 분량이 될 때까지 모아서 한꺼번에 처리하는 시스템으로 옳은 것은?

① 일괄 처리 시스템
② 실시간 처리 시스템
③ 시분할 시스템
④ 분산 처리 시스템

참고 파트01-챕터04-섹션04

13 다음 중 가로 300픽셀, 세로 200픽셀 크기의 256색상으로 표현된 정지 영상을 10:1로 압축하여 JPG 파일로 저장하였을 때 이 파일의 크기는 얼마인가?

① 3 KB   ② 4 KB
③ 5 KB   ④ 6 KB

참고 파트01-챕터02-섹션02

14 TCP/IP 프로토콜의 설정에 있어 서브넷 마스크 (Subnet Mask)의 역할은?

① 호스트의 수를 식별
② 사용자의 수를 식별
③ 네트워크 ID 부분과 호스트 ID 부분을 구별
④ 도메인명을 IP 주소로 변환해 주는 서버를 지정

참고 파트01-챕터04-섹션03

15 다음 중 전시장이나 쇼핑 센터 등에 설치하여 방문객이 각종 안내를 받을 수 있도록 한 것으로, 터치 패널을 이용해 메뉴를 손가락으로 선택해서 정보를 얻을 수 있는 것이 특징인 것은?

① 킨들
② 프리젠터
③ 키오스크
④ UPS

참고 파트01-챕터04-섹션02

16 다음 중 인터넷 기능을 결합한 TV로 각종 앱을 설치하여 웹 서핑, VOD 시청, 게임 등 다양한 기능을 활용할 수 있는 다기능 TV를 의미하는 용어는?

① HDTV
② Cable TV
③ IPTV
④ Smart TV

참고 파트01-챕터04-섹션05

17 정보 전송 방식 중 반이중 방식(Half-Duplex)에 해당하는 것은?

① 라디오
② TV
③ 전화
④ 무전기

참고 파트01-챕터04-섹션03

18 다음 중 멀티미디어와 관련된 기술인 VOD(Video On Demand)에 대한 설명으로 옳지 않은 것은?

① 비디오를 디지털로 압축하여 비디오 서버에 저장하고, 가입자가 원하는 콘텐츠를 제공하며 재생, 제어, 검색, 질의 등이 가능하다.
② 사용자의 요구에 따라 영화나 뉴스 등의 콘텐츠를 통신 케이블을 통하여 서비스하는 영상 서비스이다.
③ 사용자 간 커뮤니케이션을 목적으로 원거리에서 영상을 공유하며, 공간적 시간적 제약을 극복할 수 있다.
④ VCR 같은 기능의 셋톱박스는 비디오 서버로부터 압축되어 전송된 디지털 영상과 소리를 복원, 재생하는 역할을 한다.

참고 파트01-챕터04-섹션05

19 다음 중 네트워크 연결 장치와 관련하여 패킷의 헤더 정보를 보고 목적지를 파악하여 다음 목적지로 전송하기 위한 최선의 경로를 선택할 수 있는 것으로 옳은 것은?

① 허브(Hub)
② 브리지(Bridge)
③ 스위치(Switch)
④ 라우터(Router)

참고 파트01-챕터05-섹션02

20 다음 중 공개키 암호 기법의 설명으로 옳지 않은 것은?

① 메시지를 암호화할 때와 복호화할 때 사용되는 키가 서로 다르다.
② 복호화할 때 사용되는 키는 공개하고 암호키는 비공개한다.
③ 비대칭키 또는 이중키 암호 기법이라고도 한다.
④ 많이 사용되는 기법은 RSA 기법이다.

참고 파트02-챕터04-섹션07

21 다음 중 다양한 상황과 변수에 따른 여러 가지 결과 값의 변화를 가상의 상황을 통해 예측하여 분석할 수 있는 도구는?

① 시나리오 관리자
② 목표값 찾기
③ 부분합
④ 통합

참고 파트02-챕터04-섹션04

22 다음 중 [통합] 데이터 도구에 대한 설명으로 옳지 않은 것은?

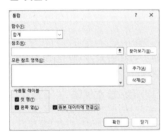

① '모든 참조 영역'에 다른 통합 문서의 워크시트를 추가하여 통합할 수 있다.
② '사용할 레이블'을 모두 선택한 경우 각 참조 영역에 결과표의 레이블과 일치하지 않은 레이블이 있으면 통합 결과표에 별도의 행이나 열이 만들어진다.
③ 지정한 영역에 계산될 요약 함수는 '함수'에서 선택하며, 요약 함수로는 합계, 개수, 평균, 최대값, 최소값 등이 있다.
④ '원본 데이터에 연결' 확인란을 선택하여 통합한 경우 통합에 참조된 영역에서의 행 또는 열이 변경될 때 통합된 데이터 결과도 자동으로 업데이트된다.

참고 파트02-챕터04-섹션02

23 다음 중 아래 그림의 표에서 조건 범위로 [A9:B11] 영역을 선택하여 고급 필터를 실행한 결과의 레코드 수는 얼마인가?

	A	B	C	D
1	성명	이론	실기	합계
2	김진아	47	45	92
3	이은경	38	47	85
4	장영주	46	48	94
5	김시내	40	25	65
6	홍길동	49	48	97
7	박승수	37	43	80
8				
9	합계	합계		
10	<95	>90		
11		<70		

① 0
② 3
③ 4
④ 6

참고 파트02-챕터07-섹션01

24 다음 중 매크로와 관련된 바로 가기 키에 대한 설명으로 옳지 않은 것은?

① Alt + M을 누르면 [매크로 기록] 대화 상자가 표시되어 매크로를 기록할 수 있다.
② Alt + F11을 누르면 Visual Basic Editor가 실행되며, 매크로를 수정할 수 있다.
③ Alt + F8을 누르면 [매크로] 대화 상자가 표시되어 매크로 목록에서 매크로를 선택하여 실행할 수 있다.
④ 매크로 기록 시 Ctrl과 영문 문자를 조합하여 해당 매크로의 바로 가기 키를 지정할 수 있다.

참고 파트02-챕터05-섹션02

25 다음 중 [페이지 설정] 대화 상자의 [시트] 탭에 대한 설명으로 옳은 것은?

① '메모'는 셀에 설정된 메모의 인쇄 여부를 설정하는 것으로 '없음'과 '시트에 표시된 대로' 중 하나를 선택하여 인쇄할 수 있다.

② 워크시트의 셀 구분선을 그대로 인쇄하려면 '눈금선'에 체크하여 표시하면 된다.

③ '간단하게 인쇄'를 체크하면 설정된 글꼴색은 모두 검정으로, 도형은 테두리 색만 인쇄하여 인쇄 속도를 높인다.

④ '인쇄 영역'에 범위를 지정하면 특정 부분만 인쇄할 수 있으며, 지정한 범위에 숨겨진 행이나 열도 함께 인쇄된다.

참고 파트02-챕터03-섹션04

26 다음 수식의 결과 값으로 옳은 것은?

=ROUNDDOWN(165.657,2) − ABS(POWER(−2,3))

① 156.65
② 157.65
③ 156.66
④ 157.66

참고 파트02-챕터03-섹션04, 05, 06

27 다음 시트에서 =SUM(INDEX(B2:C6,4,2),LARGE(B2:C6,2))의 결과 값으로 옳은 것은?

	A	B	C
1	지원자명	필기	실기
2	이상공	67	76
3	홍범도	90	88
4	엄지홍	50	60
5	신정미	80	100
6	김민서	69	98

① 190
② 198
③ 200
④ 210

참고 파트02-챕터02-섹션01

28 다음 중 괄호 안에 들어갈 바로 가기 키로 옳은 것은?

> 통합 문서 내에서 (ㄱ)키는 다음 워크시트로 이동, (ㄴ)키는 이전 워크시트로 이동할 때 사용된다.

① (ㄱ) Home , (ㄴ) Ctrl + Home
② (ㄱ) Ctrl + Page Down , (ㄴ) Ctrl + Page Up
③ (ㄱ) Ctrl + ← , (ㄴ) Ctrl + →
④ (ㄱ) Shift + ↑ , (ㄴ) Shift + ↓

참고 파트02-챕터06-섹션04

29 아래 그림과 같이 차트에서 '전기난로' 계열의 직선을 부드러운 선으로 나타내는 방법으로 옳은 것은?

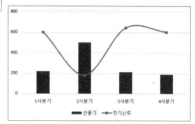

① [데이터 계열 서식] 대화 상자의 [채우기 및 선]에서 [완만한 선]을 설정한다.

② [데이터 계열 서식] 대화 상자의 [효과]에서 [완만한 선]을 설정한다.

③ [데이터 계열 서식] 대화 상자의 [계열 옵션]에서 [곡선]을 설정한다.

④ [데이터 계열 서식] 대화 상자의 [계열 옵션]에서 [부드러운 선]을 설정한다.

참고 파트02-챕터05-섹션03

30 다음 중 틀 고정 및 창 나누기에 대한 설명으로 옳지 않은 것은?

① 화면에 나타나는 창 나누기 형태는 인쇄 시 적용되지 않는다.

② 창 나누기를 수행하면 셀 포인트의 오른쪽과 아래쪽으로 창 구분선이 표시된다.

③ 창 나누기는 셀 포인트의 위치에 따라 수직, 수평, 수직/수평 분할이 가능하다.

④ 첫 행을 고정하려면 셀 포인트의 위치에 상관없이 [틀 고정]-[첫 행 고정]을 선택한다.

참고 파트02-챕터03-섹션04, 05, 06

31 다음 중 수식의 결과 값이 옳지 않은 것은?

① =RIGHT("Computer",5) → puter
② =POWER(2,3) → 8
③ =TRUNC(5.96) → 5
④ =AND(6<5, 7>5) → TRUE

참고 파트02-챕터03-섹션02

32 다음 중 셀 참조에 관한 설명으로 옳은 것은?

① 수식 작성 중 마우스로 셀을 클릭하면 기본적으로 해당 셀이 절대 참조로 처리된다.
② 수식에 셀 참조를 입력한 후 셀 참조의 이름을 정의한 경우에는 참조 에러가 발생하므로 기존 셀 참조를 정의된 이름으로 수정한다.
③ 셀 참조 앞에 워크시트 이름과 마침표(.)를 차례로 넣어서 다른 워크시트에 있는 셀을 참조할 수 있다.
④ 셀을 복사하여 붙여 넣은 다음 [붙여넣기 옵션]의 [연결하여 붙여넣기] 명령을 사용하여 셀 참조를 만들 수도 있다.

참고 파트02-챕터04-섹션07

33 다음 중 목표값 찾기 기능에 대한 설명으로 옳지 않은 것은?

① 목표값 찾기는 특정한 결과를 얻기 위해 데이터가 어떻게 변하는지 알아보는 기능이다.
② 목표값 찾기에서 변하는 데이터를 여러 개 지정할 수 있다.
③ 목표값은 사용자가 원하는 데이터를 입력해야 한다.
④ 목표값은 사용자가 원하는 데이터의 셀 주소를 입력할 수 없다.

참고 파트02-챕터02-섹션01

34 다음 중 데이터 입력에 대한 설명으로 옳지 않은 것은?

① 데이터를 입력하는 도중에 입력을 취소하려면 Esc 를 누른다.
② 셀 안에서 줄을 바꾸어 데이터를 입력하려면 Alt + Enter 를 누른다.
③ 텍스트, 텍스트/숫자 조합, 날짜, 시간 데이터는 셀에 입력하는 처음 몇 자가 해당 열의 기존 내용과 일치하면 자동으로 입력된다.
④ 여러 셀에 동일한 데이터를 입력하려면 해당 셀을 범위로 지정하여 데이터를 입력한 후 Ctrl + Enter 를 누른다.

참고 파트02-챕터04-섹션05

35 다음 중 피벗 테이블에 대한 설명으로 옳지 않은 것은?

① 원본의 자료가 변경되면 [모두 새로 고침] 기능을 이용하여 일괄 피벗 테이블에 반영할 수 있다.
② 작성된 피벗 테이블을 삭제하는 경우 함께 작성한 피벗 차트는 자동으로 삭제된다.
③ 피벗 테이블을 삭제하려면 피벗 테이블 전체를 범위로 지정한 후 Delete 를 누른다.
④ 피벗 테이블의 삽입 위치는 새 워크시트뿐만 아니라 기존 워크시트에서 시작 위치를 선택할 수도 있다.

참고 파트02-챕터05-섹션02

36 다음 중 문서를 인쇄했을 때 문서의 위쪽에 '-1 Page-' 형식으로 페이지 번호를 표시하는 방법으로 옳은 것은?

① -#[페이지 번호] Page-
② #-[페이지 번호] Page-
③ -&[페이지 번호] Page-
④ &-[페이지 번호] Page-

참고 파트03-챕터02-섹션04, 05

37 다음 중 아래 시트에서 각 수식을 실행했을 때의 결과 값으로 옳은 것은?

	A	B	C	D	E
1	이름	국어	영어	수학	평균
2	홍길동	83	90	73	82
3	이대한	65	87	91	81
4	한민국	80	75	100	85
5	평균	76	84	88	82.66667

① =SUM(COUNTA(B2:D4), MAXA(B2:D4)) → 102
② =AVERAGE(SMALL(C2:C4, 2), LARGE(C2:C4, 2)) → 75
③ =SUM(LARGE(B3:D3, 2), SMALL(B3:D3, 2)) → 174
④ =SUM(COUNTA(B2,D4), MINA(B2,D4)) → 109

참고 파트02-챕터02-섹션01

38 다음 중 날짜 및 시간 데이터에 관한 설명으로 옳지 않은 것은?

① 날짜 데이터를 입력할 때 연도와 월만 입력하면 일자는 자동으로 해당 월의 1일로 입력된다.
② 셀에 '4/9'를 입력하고 Enter 를 누르면 셀에는 '04월 09일'로 표시된다.
③ 날짜 및 시간 데이터의 텍스트 맞춤은 기본 왼쪽 맞춤으로 표시된다.
④ Ctrl + ; 을 누르면 시스템의 오늘 날짜, Ctrl + Shift + ; 을 누르면 현재 시간이 입력된다.

참고 파트02-챕터02-섹션07, 파트02-챕터03-섹션04, 06

39 다음 중 [B3:E6] 영역에 대해 아래 시트와 같이 배경색을 설정하기 위한 조건부 서식의 규칙으로 옳은 것은?

	A	B	C	D	E
1					
2		자산코드	내용연수	경과연수	취득원가
3		YJ7C	10	8	660,000
4		S2YJ	3	9	55,000
5		TS1E	3	6	134,000
6		KS4G	8	3	58,000

① =MOD(COLUMNS($B3),2)=0
② =MOD(COLUMNS(B3),2)=0
③ =MOD(COLUMN($B3),2)=0
④ =MOD(COLUMN(B3),2)=0

참고 파트02-챕터04-섹션04

40 아래 시트에서 [표1]의 할인율 [B3]을 적용한 할인가 [B4]를 이용하여 [표2]의 각 정가에 해당하는 할인가 [E3:E6]를 계산하고자 한다. 다음 중 이때 가장 적합한 데이터 도구는?

	A	B	C	D	E	F
1	[표1] 할인 금액			[표2] 할인 금액표		
2	정가	₩ 10,000		정가	₩ 9,500	
3	할인율	5%		₩ 10,000		
4	할인가	₩ 9,500		₩ 15,000		
5				₩ 24,000		
6				₩ 30,000		
7						

① 통합
② 데이터 표
③ 부분합
④ 시나리오 관리자

빠른 정답 확인 QR
스마트폰으로 QR을 찍으면 정답표가 오픈됩니다.
기출문제를 편리하게 채점할 수 있습니다.

2023년 상시 기출문제 01회

풀이 시간 _____ 분   내 점수 _____ 점

시험 시간	합격 점수	문항수
40분	60점	총 40개

1과목 컴퓨터 일반

[참고] 파트01-챕터04-섹션01

01 다음 중 웹상에서 정보를 효과적으로 나타내기 위해 문서와 문서를 연결하여 관련된 정보를 쉽게 찾아볼 수 있도록 하는 기능으로 옳은 것은?
▶ 합격 강의

① 멀티미디어
② 프레젠테이션
③ 하이퍼링크
④ 인덱스

[참고] 파트01-챕터03-섹션05

02 다음 중 현재 수행 중인 명령어의 내용을 기억하는 레지스터는?

① 명령 레지스터(Instruction Register)
② 명령 해독기(Instruction Decoder)
③ 부호기(Encoder)
④ 프로그램 계수기(Program Counter)

[참고] 파트01-챕터01-섹션04

03 다음 중 한글 Windows 10에서 cmd 명령의 사용 용도로 옳은 것은?

① 실행 명령 목록을 표시한다.
② 명령 프롬프트 창을 표시한다.
③ 작업 표시줄을 표시한다.
④ 하드디스크를 포맷한다.

[참고] 파트01-챕터04-섹션02

04 다음 중 사물에 전자 태그를 부착하고 무선 통신을 이용하여 사물의 정보 및 주변 상황 정보를 감지하는 센서 기술로 옳은 것은?
▶ 합격 강의

① 텔레매틱스 서비스
② DMB 서비스
③ W-CDMA 서비스
④ RFID 서비스

[참고] 파트01-챕터03-섹션06

05 다음 중 컴퓨터 보조 기억 장치로 자기디스크 방식의 HDD와는 달리 반도체를 이용하여 데이터를 저장, 크기가 작고 충격에 강하며, 소음 발생이 없는 대용량 저장 장치에 해당하는 것은?

① BIOS
② DVD
③ SSD
④ CD-RW

[참고] 파트01-챕터04-섹션02

06 다음 중 인터넷을 이용한 전자우편에 관한 설명으로 옳지 않은 것은?

① 인터넷에 접속하여 사용자들끼리 서로 편지를 주고받을 수 있는 서비스를 말한다.
② 전자우편 주소는 '사용자ID@호스트' 주소의 형식으로 이루어진다.
③ 일반적으로 SMTP는 메일을 수신하는 용도로, MIME는 송신하는 용도로 사용되는 프로토콜이다.
④ POP3를 이용하면 전자메일 클라이언트를 통해 전자메일을 받아 볼 수 있다.

참고 파트01-챕터04-섹션03

07 다음 중 멀티미디어의 특징에 대한 설명으로 옳지 않은 것은?

① 멀티미디어(Mulmedia)는 다중 매체의 의미를 가지며 다양한 매체를 통해 정보를 전달한다는 의미이다.

② 멀티미디어 데이터는 정보량이 크기 때문에 일반적으로 압축하여 저장한다.

③ 대용량의 멀티미디어 데이터를 저장하기 위해 CD-ROM, DVD, 블루레이 디스크 등의 저장 장치가 발전하였다.

④ 멀티미디어 동영상 정보는 용량이 크고 통합 처리하기 어려워 사운드와 영상이 분리되어 전송된다.

참고 파트01-챕터05-섹션03

08 다음 중 컴퓨터 바이러스의 예방법으로 적절하지 않은 것은?

① 최신 버전의 백신 프로그램을 사용한다.

② 다운로드 받은 파일은 사용하기 전에 바이러스 검사 후 사용한다.

③ 전자우편에 첨부된 파일은 파일명을 다른 이름으로 저장하여 사용한다.

④ 네트워크 공유 폴더에 있는 파일을 사용하기 전에 바이러스 검사 후 사용한다.

참고 파트01-챕터03-섹션06

09 다음 중 플래시 메모리에 대한 설명으로 옳지 않은 것은?

① 블록 단위로 저장된다.

② 전력 소모가 적다.

③ 정보의 입출력이 자유로우며 전송 속도가 빠르다.

④ 전원이 끊어지면 그 안에 저장된 정보가 지워지는 휘발성 기억 장치이다.

참고 파트01-챕터04-섹션01

10 다음 중 인터넷에 존재하는 정보나 서비스에 대해 접근 방법, 존재 위치, 자료 파일명 등의 요소를 표시하는 것은?

① DHCP

② CGI

③ DNS

④ URL

참고 파트01-챕터01-섹션05

11 다음 중 한글 Windows 10에서 프린터 인쇄에 대한 설명으로 옳지 않은 것은?

① 특정한 지정 없이 문서의 인쇄를 선택하면 기본 프린터로 인쇄된다.

② 인쇄 관리자 창에서 파일의 인쇄 진행 상황을 파악할 수 있다.

③ 인쇄 관리자 창에서 인쇄 대기 중인 문서를 편집할 수 있다.

④ 인쇄 관리자 창에서 문서 파일의 인쇄 작업을 취소할 수 있다.

참고 파트01-챕터03-섹션04

12 다음 중 컴퓨터에서 사용하는 유니코드(Unicode)에 대한 설명으로 옳은 것은?

① 문자를 2Byte로 표현한다.

② 표현 가능한 최대 문자수는 256자이다.

③ 영문자는 7Bit, 한글이나 한자는 16Bit로 표현한다.

④ 한글은 KS 완성형으로 표현한다.

참고 파트01-챕터04-섹션05

13 다음 중 컴퓨터 내부의 디지털 신호를 전화선을 통해 전송할 수 있도록 아날로그 신호로 변조해 주고 전화선을 통해 전송된 아날로그 신호를 컴퓨터 내부에서 처리할 수 있도록 디지털 신호로 복조해 주는 역할을 담당하는 것은?

① 모뎀 장치
② 게이트웨이 장치
③ 라우터 장치
④ 허브 장치

참고 파트01-챕터03-섹션06

14 다음 중 컴퓨터에서 가상 기억 장치를 사용할 때 장점으로 옳은 것은?

① 컴퓨터의 구조가 간편해지고 손쉽게 구현할 수 있다.
② 보조 기억 장치의 실제 용량이 증대된다.
③ 주기억 장치의 용량보다 큰 프로그램을 실행할 수 있다.
④ 명령을 수행하는 시간이 단축된다.

참고 파트01-챕터01-섹션05

15 다음 중 한글 Windows의 스풀(SPOOL) 기능에 관한 설명으로 옳지 않은 것은?

① 스풀 기능을 설정하면 보다 인쇄 속도가 빨라지고 동시 작업 처리도 가능하다.
② 인쇄할 내용을 하드디스크 장치에 임시로 저장한 후에 인쇄 작업을 수행한다.
③ 컴퓨터 내부 장치에 비해 상대적으로 처리 속도가 느린 프린터 작업을 효율적으로 처리하기 위하여 사용하는 기능이다.
④ 스풀 기능을 선택하면 문서 전체 또는 일부를 스풀한 다음 인쇄를 시작할 수 있게 하는 기능을 선택할 수 있다.

참고 파트01-챕터03-섹션09

16 다음 중 패치 프로그램에 대한 설명으로 옳은 것은?

① 컴퓨터 하드웨어 및 소프트웨어 성능을 비교 평가하는 프로그램이다.
② 프로그램의 오류 수정이나 성능 향상을 위해 프로그램의 일부를 변경해 주는 프로그램이다.
③ 베타 테스트를 하기 전에 프로그램 개발사 내부에서 미리 평가하고 오류를 찾아 수정하기 위해 시험해 보는 프로그램이다.
④ 정식으로 프로그램을 공개하기 전에 한정된 집단 또는 일반인에게 공개하여 기능을 시험하는 프로그램이다.

참고 파트01-챕터03-섹션03

17 다음 중 디지털 컴퓨터의 특성을 설명한 것으로 옳지 않은 것은?

① 부호화된 숫자와 문자, 이산 데이터 등을 사용한다.
② 산술 논리 연산을 주로 한다.
③ 증폭 회로를 사용한다.
④ 연산 속도가 아날로그 컴퓨터보다 느리다.

참고 파트01-챕터05-섹션02

18 다음 중 컴퓨터 범죄에 해당하지 않는 것은?

① 전산망을 이용하여 개인 정보를 유출한다.
② 전자문서를 불법 복사한다.
③ 인터넷 쇼핑몰에서 상품 가격을 비교하여 가격 비교표를 작성한다.
④ 해킹을 통해 중요 정보를 위조하거나 변조한다.

참고 파트01-챕터01-섹션01

19 다음 중 컴퓨터 운영체제에 관한 설명으로 옳지 않은 것은?

① 운영체제는 컴퓨터가 작동하는 동안 하드 디스크에 위치하여 실행된다.
② 프로세스, 기억 장치, 주변 장치, 파일 등의 관리가 주요 기능이다.
③ 운영체제의 평가 항목으로 처리 능력, 응답 시간, 사용 가능도, 신뢰도 등이 있다.
④ 사용자들 간의 하드웨어 공동 사용 및 자원의 스케줄링을 수행한다.

참고 파트01-챕터04-섹션04

20 다음 중 영상의 표현과 압축 방식들에 대해서는 관여하지 않으며 특징 추출을 통해 디지털 방송과 전자도서관, 전자상거래 등에서 멀티미디어 데이터를 효과적으로 검색할 수 있는 영상 압축 기술은?

① MPEG-1
② MPEG-4
③ MPEG-7
④ MPEG-21

2과목 스프레드시트 일반

참고 파트02-챕터03-섹션04

21 다음 중 시스템의 현재 날짜에서 연도를 구하는 수식으로 가장 올바른 것은?

① =year(days( ))
② =year(day( ))
③ =year(today( ))
④ =year(date( ))

참고 파트02-챕터01-섹션01

22 다음 중 엑셀의 화면 제어에 관한 설명으로 옳지 않은 것은?

① 화면의 확대/축소는 화면에서 워크시트를 더 크게 또는 작게 표시하는 것으로 실제 인쇄할 때도 설정된 화면의 크기로 인쇄된다.
② 리본 메뉴는 화면 해상도와 엑셀 창의 크기에 따라 다른 형태로 표시될 수 있다.
③ 워크시트에서 특정 영역을 마우스로 드래그하여 블록을 설정한 후 '선택 영역 확대/축소'를 클릭하면 워크시트가 확대/축소되어 블록으로 지정한 영역이 전체 창에 맞게 보인다.
④ 리본 메뉴가 차지하는 공간 때문에 작업이 불편한 경우 리본 메뉴의 활성 탭 이름을 더블클릭하여 리본 메뉴를 최소화할 수 있다.

참고 파트02-챕터07-섹션01

23 다음 중 매크로에 대한 설명으로 옳지 않은 것은?

① 매크로 이름의 첫 글자는 반드시 문자여야 한다.
② 매크로란 반복적인 작업을 단순화하기 위해 작업 과정을 기록하였다가 그대로 재생하는 기능이다.
③ 한 번 기록된 매크로는 수정하여 편집할 수 없다.
④ 매크로 이름에는 공백이 포함될 수 없다.

참고 파트02-챕터02-섹션05

24 다음 중 아래의 워크시트에서 [A1:B2] 영역을 선택한 후 채우기 핸들을 이용하여 [B4] 셀까지 드래그했을 때 [A4:B4] 영역의 값으로 옳은 것은?

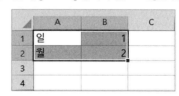

① 월, 4
② 수, 4
③ 월, 2
④ 수, 2

참고 파트02-챕터01-섹션03

25 다음 중 시트 보호에 관한 설명으로 옳지 않은 것은?

① 차트 시트의 경우 차트 내용만 변경하지 못하도록 보호할 수 있다.
② '셀 서식' 대화 상자의 '보호' 탭에서 '잠금'이 해제된 셀은 보호되지 않는다.
③ 시트 보호 설정 시 암호의 설정은 필수 사항이다.
④ 시트 보호가 설정된 상태에서 데이터를 수정하면 경고 메시지가 나타난다.

참고 파트02-챕터04-섹션01

26 다음 중 정렬에 대한 설명으로 옳은 것은?

① 최대 24개의 열을 기준으로 정렬할 수 있다.
② 글꼴 색을 기준으로 정렬할 수 있다.
③ 정렬 대상 범위에 병합된 셀이 포함되어 있어도 정렬할 수 있다.
④ 숨겨진 행은 정렬 결과에 포함되나 숨겨진 열은 정렬 결과에 포함되지 않는다.

참고 파트02-챕터04-섹션02

27 고급 필터에서 다음과 같은 조건을 적용하였을 때 선택되는 데이터들은 어느 것인가?

목표액	목표액
>4500	<5000
	<4000

① [목표액]이 4000 미만이거나 [목표액]이 4500 넘는 데이터를 모두 나타낸다.
② [목표액]이 4000 미만이거나 [목표액]이 5000 넘는 데이터를 모두 나타낸다.
③ [목표액]이 4500을 초과하고 5000 미만이거나 [목표액]이 4000 미만인 데이터를 모두 나타낸다.
④ [목표액]이 5000 미만인 데이터를 모두 나타낸다.

참고 파트02-챕터02-섹션01

28 아래 [A1] 셀과 같이 한 셀에 두 줄 이상의 데이터를 입력하려고 할 때 사용하는 키는?

	A	B
1	대한 상공회의소	
2		

① Tab
② Ctrl + Enter
③ Shift + Enter
④ Alt + Enter

참고 파트02-챕터04-섹션07

29 다음 중 아래 그림의 시나리오 요약 보고서에 대한 설명으로 옳지 않은 것은?

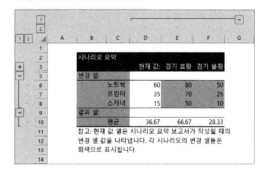

① 노트북, 프린터, 스캐너 값의 변화에 따른 평균 값을 확인할 수 있다.
② '경기 호황'과 '경기 불황' 시나리오에 대한 시나리오 요약 보고서이다.
③ 시나리오의 값을 변경하면 해당 변경 내용이 기존 요약 보고서에 자동으로 다시 계산되어 표시된다.
④ 시나리오 요약 보고서를 실행하기 전에 변경 셀과 결과 셀에 대해 이름을 정의하였다.

참고 파트02-챕터02-섹션06

30 다음 중 [셀 서식] 대화 상자에서 '표시 형식'의 각 범주에 대한 설명으로 옳지 않은 것은?

① '일반' 서식은 각 자료형에 대한 특정 서식을 지정하는 데 사용된다.

② '숫자' 서식은 일반적인 숫자를 나타나는 데 사용된다.

③ '회계' 서식은 통화 기호와 소수점에 맞추어 열을 정렬하는 데 사용된다.

④ '기타' 서식은 우편번호, 전화번호, 주민등록번호 등의 형식을 설정하는 데 사용된다.

참고 파트02-챕터06-섹션04

31 다음 차트는 기대수명 20년에 대한 예측을 표시한 것이다. 이때 사용한 기능으로 옳은 것은?

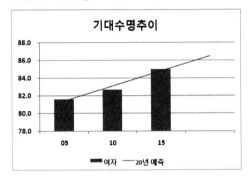

기대수명추이

① 자동 합계
② 추세선
③ 오차 막대
④ 평균 구하기

참고 파트02-챕터03-섹션01

32 다음 중 입력한 수식에서 발생한 오류 메시지와 그 발생 원인으로 옳지 않은 것은?

① #VALUE! : 잘못된 인수나 피연산자를 사용했을 때

② #DIV/0! : 특정 값(셀)을 0 또는 빈 셀로 나누었을 때

③ #NAME? : 함수 이름을 잘못 입력하거나 인식할 수 없는 텍스트를 수식에 사용했을 때

④ #REF! : 숫자 인수가 필요한 함수에 다른 인수를 지정했을 때

참고 파트02-챕터03-섹션04

33 다음 중 함수식에 대한 결과가 옳지 않은 것은?

① =Trunc(−5.6) → −5

② =Power(2,3) → 6

③ =Int(−7.2) → −8

④ =Mod(−7,3) → 2

참고 파트02-챕터02-섹션06

34 다음 중 원본 데이터를 지정된 서식으로 설정하였을 때 결과가 옳지 않은 것은?

	원본 데이터	서식	결과 데이터
①	314826	#,##0,	314,826,
②	281476	#,##0.0	281,476.0
③	12:00:00 AM	0	0
④	2018−03−25	yyyy−mmmm	2018−March

참고 파트02-챕터06-섹션02

35 다음 중 아래의 차트와 같이 데이터를 선으로 표시하여 데이터 계열의 총값을 비교하고, 상호 관계를 살펴보고자 할 때 사용하는 차트 종류는?

1사분기 비교

① 도넛형 차트
② 방사형 차트
③ 분산형 차트
④ 주식형 차트

참고 파트02-챕터05-섹션02

36 [페이지 설정] 대화 상자의 [시트] 탭에서 '반복할 행'에 [$4:$4]을 지정하고 워크시트 문서를 출력하였다. 다음 중 출력 결과에 대한 설명으로 옳은 것은?

① 첫 페이지만 1행부터 4행의 내용이 반복되어 인쇄된다.

② 모든 페이지에 4행의 내용이 반복되어 인쇄된다.

③ 모든 페이지에 4열의 내용이 반복되어 인쇄된다.

④ 모든 페이지에 4행과 4열의 내용이 반복되어 인쇄된다.

참고 파트02-챕터07-섹션01

37 다음 중 매크로 이름으로 지정할 수 없는 것은?

① 매크로_1

② Goal2024

③ 3사분기

④ 매출평균

참고 파트02-챕터05-섹션03

38 다음 중 틀 고정 및 창 나누기에 대한 설명으로 옳지 않은 것은?

① 화면에 나타나는 창 나누기 형태는 인쇄 시 적용되지 않는다.

② 창 나누기를 수행하면 셀 포인트의 오른쪽과 아래쪽으로 창 구분선이 표시된다.

③ 창 나누기는 셀 포인트의 위치에 따라 수직, 수평, 수직·수평 분할이 가능하다.

④ 첫 행을 고정하려면 셀 포인트의 위치에 상관없이 [틀 고정]-[첫 행 고정]을 선택한다.

참고 파트02-챕터04-섹션04

39 다음 중 부분합 계산에서 사용할 수 없는 함수는 어느 것인가?

① 절대 표준 편차

② 표준 편차

③ 최대값

④ 평균

참고 파트02-챕터03-섹션06

40 다음 중 아래의 워크시트에서 몸무게가 70Kg 이상인 사람의 수를 구하고자 할 때 [E7] 셀에 입력할 수식으로 옳지 않은 것은?

	A	B	C	D	E	F
1	번호	이름	키(Cm)	몸무게(Kg)		
2	12001	홍길동	165	67		몸무게(Kg)
3	12002	이대한	171	69		>=70
4	12003	한민국	177	78		
5	12004	이우리	162	80		
6						
7	몸무게가 70Kg 이상인 사람의 수?				2	
8						

① =DCOUNT(A1:D5,2,F2:F3)

② =DCOUNTA(A1:D5,2,F2:F3)

③ =DCOUNT(A1:D5,3,F2:F3)

④ =DCOUNTA(A1:D5,3,F2:F3)

자동채점 서비스

▶ 합격 강의

2023년 상시 기출문제 02회

풀이 시간 _____ 분   내 점수 _____ 점

시험 시간	합격 점수	문항수
40분	60점	총 40개

1과목 컴퓨터 일반

참고 파트01-챕터05-섹션02

01 다음 중 네트워크 주변을 지나다니는 패킷을 엿보면서 계정과 비밀번호를 알아내는 보안 위협 행위는?

① 스푸핑(Spoofing)
② 스니핑(Sniffing)
③ 키로거(Key Logger)
④ 백도어(Back Door)

참고 파트01-챕터04-섹션05

02 정보 통신망의 범위를 기준으로 작은 것부터 큰 순서대로 옳게 나열한 것은?

① WAN – MAN – LAN
② LAN – MAN – WAN
③ MAN – LAN – WAN
④ LAN – WAN – MAN

참고 파트01-챕터03-섹션08

03 다음 중 USB 인터페이스에 대한 설명으로 옳지 않은 것은?

① 직렬포트보다 USB 포트의 데이터 전송 속도가 더 빠르다.
② USB는 컨트롤러당 최대 127개까지 포트의 확장이 가능하다.
③ 핫 플러그인(Hot Plug In)과 플러그 앤드 플레이(Plug & Play)를 지원한다.
④ USB 커넥터를 색상으로 구분하는 경우 USB 3.0은 빨간색, USB 2.0은 파란색을 사용한다.

참고 파트01-챕터01-섹션03

04 다음 중 폴더의 [속성] 창에 대한 설명으로 옳지 않은 것은?

① 폴더 안 파일의 개수를 알 수 있다.
② 폴더를 만든 날짜를 알 수 있다.
③ '읽기 전용'과 '숨김' 속성을 설정하거나 해제할 수 있다.
④ 폴더의 저장 위치를 변경할 수 있다.

참고 파트01-챕터03-섹션06

05 다음 중 컴퓨터의 처리 속도를 높이기 위한 가장 효율적인 방법은?

① EIDE 포트 확장
② 모니터 교체
③ RAM 확장
④ CD-ROM 교체

참고 파트01-챕터03-섹션02

06 다음 중 처리 속도의 단위에 대한 설명으로 옳지 않은 것은?

① $ps = 10^{-12} \, sec$
② $ns = 10^{-6} \, sec$
③ $ms = 10^{-3} \, sec$
④ $fs = 10^{-15} \, sec$

참고 파트01-챕터03-섹션05

07 다음 중 누산기(ACC)에 대한 설명으로 옳은 것은?

① 연산의 결과를 일시적으로 기억하는 장치이다.
② 명령어를 기억하는 장치이다.
③ 명령을 해독하는 장치이다.
④ 다음에 실행할 명령의 주소를 갖는 장치이다.

참고 파트01-챕터01-섹션05

08 다음 중 한글 Windows의 인쇄 작업에 대한 설명으로 옳지 않은 것은?

① 프린터에서 인쇄 작업이 시작된 경우라도 잠시 중지시켰다가 다시 이어서 인쇄할 수 있다.
② 여러 개의 출력 파일들의 출력 대기 상태를 확인할 수 있다.
③ 여러 개의 출력 파일들이 출력 대기할 때 출력 순서를 임의로 조정할 수 있다.
④ 일단 프린터에서 인쇄 작업에 들어간 것은 프린터 전원을 끄기 전에는 강제로 종료시킬 수 없다.

참고 파트01-챕터03-섹션07

09 다음 중 전시장이나 쇼핑 센터 등에 설치하여 방문객이 각종 안내를 받을 수 있도록 한 것으로, 터치 패널을 이용해 메뉴를 손가락으로 선택해서 정보를 얻을 수 있는 것이 특징인 것은?

① 킨들
② 프리젠터
③ 키오스크
④ UPS

참고 파트01-챕터04-섹션01

10 다음 중 인터넷 주소 체계인 IPv6에 대한 설명으로 옳은 것은?

① 주소는 8비트씩 16개 부분으로 총 128비트로 구성되어 있다.
② 주소를 네트워크 부분의 길이에 따라 A클래스에서 E클래스까지 총 5단계로 구분한다.
③ IPv4와의 호환성은 낮으나 IPv4에 비해 품질 보장은 용이하다.
④ 주소의 단축을 위해 각 블록에서 선행되는 0은 생략할 수 있다.

참고 파트01-챕터04-섹션03

11 다음 중 컴퓨터를 이용한 가상현실(Virtual Reality)에 관한 설명으로 옳은 것은?

① 고화질 영상을 제작하여 텔레비전에 나타내는 기술이다.
② 고도의 컴퓨터 그래픽 기술과 3차원 기법을 통하여 현실의 세계처럼 구현하는 기술이다.
③ 여러 영상을 통합하여 2차원 그래픽으로 표현하는 기술이다.
④ 복잡한 데이터를 단순화시켜 컴퓨터 화면에 나타내는 기술이다.

참고 파트01-챕터01-섹션01

12 다음 중 한글 Windows에서 사용하는 바로 가기 키의 기능이 옳지 못한 것은?

① F2 : 이름 바꾸기
② F3 : 파일이나 폴더 검색
③ F4 : 주소 표시줄 목록 표시
④ F5 : 창이나 바탕 화면의 화면 요소들을 순환

참고 파트01-챕터03-섹션03

13 다음 중 아날로그 컴퓨터와 비교하여 디지털 컴퓨터의 특징으로 옳지 않은 것은?

① 데이터의 각 자리마다 0 혹은 1의 비트로 표현한 이산적인 데이터를 처리한다.
② 데이터 처리를 위한 명령어들로 구성된 프로그램에 의해 동작된다.
③ 온도, 전압, 진동 등과 같이 연속적으로 변하는 데이터를 효율적으로 처리할 수 있다.
④ 산술 및 논리 연산을 처리하는 회로에 기반을 둔 범용 컴퓨터로 사용된다.

참고 파트01-챕터03-섹션04

14 다음 중 컴퓨터에서 사용하는 데이터의 논리적 구성 단위를 작은 것에서 큰 것 순으로 바르게 나열한 것은?

① 비트 – 바이트 – 워드 – 필드
② 워드 – 필드 – 바이트 – 레코드
③ 워드 – 필드 – 파일 – 레코드
④ 필드 – 레코드 – 파일 – 데이터베이스

참고 파트01-챕터04-섹션05

15 다음 중 네트워크 연결 장치와 관련하여 패킷의 헤더 정보를 보고 목적지를 파악하여 다음 목적지로 전송하기 위한 최선의 경로를 선택할 수 있는 것으로 옳은 것은?

① 허브(Hub)
② 브리지(Bridge)
③ 스위치(Switch)
④ 라우터(Router)

참고 파트01-챕터03-섹션13

16 다음 중 Windows의 드라이브 최적화(디스크 조각 모음) 기능에 관한 설명으로 옳지 않은 것은?

① 하드디스크에 단편화되어 조각난 파일들을 모아준다.
② USB 플래시 드라이브와 같은 이동식 저장 장치도 조각화 될 수 있다.
③ 수행 후에는 디스크 공간의 최적화가 이루어져 디스크의 용량이 증가한다.
④ 일정을 구성하여 드라이브 최적화(디스크 조각 모음)를 예약 실행할 수 있다.

참고 파트01-챕터05-섹션02

17 인터넷의 보안에 대한 해결책으로 공개키(Public Key)를 이용한 암호화 기법이 있다. 이 기법에서는 암호키(Encryption Key)와 해독키(Decryption Key) 두 개의 키를 사용하는데, 공개 여부에 대한 설명으로 맞는 것은?

① 암호키와 해독키를 모두 공개한다.
② 암호키와 해독키를 모두 비공개한다.
③ 암호키는 공개하고 해독키는 비공개한다.
④ 해독키는 공개하고 암호키는 비공개한다.

참고 파트01-챕터03-섹션06

18 다음 아래의 〈보기〉에서 설명하는 기억 장치로 옳은 것은?

〈보기〉

- 보조 기억 장치인 하드디스크의 일부를 주기억 장치처럼 사용함
- 주기억 장치보다 큰 프로그램을 로드하여 실행할 경우에 유용함
- 기억 공간의 확대에 목적이 있음

① 플래시 메모리(Flash Memory)
② 캐시 메모리(Cache Memory)
③ 연관 메모리(Associative Memory)
④ 가상 메모리(Virtual Memory)

참고 파트01-챕터05-섹션02

19 다음 중 정보의 기밀성을 저해하는 데이터 보안 침해 형태는?

① 수정
② 가로채기
③ 위조
④ 가로막기

참고 파트01-챕터03-섹션04

20 다음 중 컴퓨터에서 사용하는 ASCII 코드에 관한 설명으로 옳은 것은?

① 패리티 비트를 이용하여 오류 검출과 오류 교정이 가능하다.
② 표준 ASCII 코드는 3개의 존 비트와 4개의 디지트 비트로 구성되며, 주로 대형 컴퓨터의 범용 코드로 사용된다.
③ 표준 ASCII 코드는 7비트를 사용하여 영문 대소문자, 숫자, 문장 부호, 특수 제어 문자 등을 표현한다.
④ 확장 ASCII 코드는 8비트를 사용하며 멀티미디어 데이터 표현에 적합하도록 확장된 코드표이다.

2과목 스프레드시트 일반

참고 파트02-챕터02-섹션05

21 다음 중 엑셀의 [데이터] 탭-[데이터 도구] 그룹에 있는 [빠른 채우기]는 패턴에 대한 값을 자동으로 채워주는 기능이다. 바로 가기 키로 옳은 것은?

① Ctrl + E
② Ctrl + F
③ Ctrl + T
④ Ctrl + Shift + L

참고 파트02-챕터04-섹션02

22 다음 중 자동 필터에 관한 설명으로 옳지 않은 것은?

① 날짜가 입력된 열에서 요일로 필터링하려면 '날짜 필터' 목록에서 필터링 기준으로 사용할 요일을 하나 이상 선택하거나 취소한다.
② 두 개 이상의 필드에 조건을 설정하는 경우 필드 간에는 AND 조건으로 결합하여 필터링된다.
③ 열 머리글에 표시되는 드롭다운 화살표에는 해당 열에서 가장 많이 나타나는 데이터 형식에 해당하는 필터 목록이 표시된다.
④ 검색 상자를 사용하여 텍스트와 숫자를 검색할 수 있으며, 배경 또는 텍스트에 색상 서식이 적용된 경우 셀의 색상을 기준으로 필터링할 수도 있다.

참고 파트02-챕터02-섹션04

23 다음 중 [찾기 및 바꾸기] 대화 상자에 대한 설명으로 옳지 않은 것은?

① [서식] 단추를 이용하면 특정 셀의 서식을 선택하여 동일한 셀 서식이 적용된 셀을 찾을 수도 있다.

② [범위]에서 행 방향을 우선하여 찾을 것인지 열 방향을 우선하여 찾을 것인지를 지정할 수 있다.

③ [찾기] 탭에서 찾는 위치는 '수식, 값, 메모'를 사용할 수 있고, [바꾸기] 탭에서는 '수식'만 사용할 수 있다.

④ [찾기]의 바로 가기 키는 Ctrl+F, [바꾸기]의 바로 가기 키는 Ctrl+H를 사용한다.

참고 파트02-챕터03-섹션05

24 아래의 워크시트에서 보기의 수식을 [A3:D3] 셀에 순서대로 입력하려고 한다. 다음 중 입력된 수식의 결과가 다른 것은?

▲	A	B	C	D	E
1	컴퓨	터활용	컴퓨터활용		
2	컴퓨	퓨	터	활	용

① =LEFT(B1,2)&E2

② =MID(C1,3,2)

③ =RIGHT(C1,3)

④ =C2&D2&E2

참고 파트02-챕터01-섹션01

25 다음 중 워크시트에서 계산을 원하는 셀 영역을 선택한 후 상태 표시줄의 바로 가기 메뉴인 [상태 표시줄 사용자 지정]에서 선택할 수 있는 자동 계산에 해당되지 않는 것은?

① 합계

② 평균

③ 숫자 셀 수

④ 표준 편차

참고 파트02-챕터03-섹션02

26 다음 중 'Sheet1'에서 'Sheet1'의 [A10] 셀과 '2월 매출' 시트의 [A1] 셀을 곱하는 수식으로 옳은 것은?

① =A1*2월 매출!A1

② =A10*[2월 매출]!A1

③ =A10*'2월 매출'!A1

④ =A10*"2월 매출"!A1

참고 파트02-챕터06-섹션2

27 다음 표는 어린이 비타민 한 알에 포함된 비타민의 성분표이다. 전체 항목의 합에 대한 각 항목의 비율을 보기 위해서 다음 중 어떤 차트로 나타내는 것이 가장 적당한가?

비타민 성분	함량(mg)
A	0.1
B1	0.35
B2	0.45
B3	4.5
B6	0.1
C	3
E	2

① 방사형 차트

② 주식형 차트

③ 원형 차트

④ 표면형 차트

참고 파트02-챕터05-섹션02

28 다음 중 [페이지 설정] 대화 상자의 [시트] 탭에 대한 설명으로 옳지 않은 것은?

① [행/열 머리글] 항목은 행/열 머리글이 인쇄되도록 설정하는 기능이다.
② [인쇄 제목] 항목을 이용하면 특정 부분을 매 페이지 마다 반복적으로 인쇄할 수 있다.
③ [눈금선] 항목을 선택하여 체크 표시하면 작업시트의 셀 구분선이 인쇄되지 않는다.
④ [메모] 항목에서 '(없음)'을 선택하면 셀에 메모가 있더라도 인쇄되지 않는다.

참고 파트02-챕터02-섹션01

29 다음 중 데이터 입력에 대한 설명으로 옳지 않은 것은?

① 동일한 문자를 여러 개의 셀에 입력하려면 셀에 문자를 입력한 후 채우기 핸들을 드래그한다.
② 숫자 데이터의 경우 두 개의 셀을 선택하고 채우기 핸들을 선택 방향으로 드래그하면 두 값의 차이만큼 증가/감소하며 자동 입력된다.
③ 일정 범위 내에 동일한 데이터를 한 번에 입력하려면 범위를 지정하여 데이터를 입력한 후 바로 이어서 Shift + Enter 를 누른다.
④ 사용자 지정 연속 데이터 채우기를 사용하여 데이터를 입력하는 경우 사용자 지정 목록에는 텍스트나 텍스트/숫자 조합만 포함될 수 있다.

참고 파트02-챕터04-섹션04

30 다음 중 가상 분석 도구인 [데이터 표]에 대한 설명으로 옳지 않은 것은?

① 테스트 할 변수의 수에 따라 변수가 한 개이거나 두개인 데이터 표를 만들 수 있다.
② 데이터 표를 이용하여 입력된 데이터는 부분적으로 수정 또는 삭제할 수 있다.
③ 워크시트가 다시 계산될 때마다 데이터 표도 변경 여부에 관계없이 다시 계산된다.
④ 데이터 표의 결과 값은 반드시 변화하는 변수를 포함한 수식으로 작성해야 한다.

참고 파트02-챕터03-섹션06

31 다음 시트에서 함수식의 결과가 잘못된 것은?

	A	B	C	D
1	5	10	15	20
2	10	0.02	0.51	0.78
3	15	0.88	0.44	2.22
4	20	4.33	1.27	3.33
5	25	1.95	2.35	4.44

① =VLOOKUP(28,A1:D5,3) → 2.35
② =VLOOKUP(22,A1:D5,3) → 2.22
③ =HLOOKUP(17,A1:D5,4) → 1.27
④ =INDEX(A1:D5,3,4) → 2.22

참고 파트02-챕터02-섹션01

32 다음 중 윗주에 대한 설명으로 옳은 것은?

① 윗주의 서식은 변경할 수 없다.
② 윗주는 데이터를 삭제하면 같이 삭제된다.
③ 문자, 숫자 데이터 모두 윗주를 표시할 수 있다.
④ 윗주 필드 표시는 인쇄 미리 보기에서는 표시되지만 인쇄할 때는 같이 인쇄되지 않는다.

[참고] 파트02-챕터07-섹션01

33 다음 중 매크로와 관련된 바로 가기 키에 대한 설명으로 옳지 않은 것은?

① [Alt]+[M]을 누르면 [매크로 기록] 대화 상자가 표시되어 매크로를 기록할 수 있다.
② [Alt]+[F11]을 누르면 Visual Basic Editor가 실행되며, 매크로를 수정할 수 있다.
③ [Alt]+[F8]을 누르면 [매크로] 대화 상자가 표시되어 매크로 목록에서 매크로를 선택하여 실행할 수 있다.
④ 매크로 기록 시 [Ctrl]과 영문 문자를 조합하여 해당 매크로의 바로 가기 키를 지정할 수 있다.

[참고] 파트02-챕터04-섹션03

34 다음 중 [데이터 유효성] 기능의 오류 메시지 스타일에 해당하지 않는 것은?

① 경고(⚠)
② 중지(⊗)
③ 정보(ⓘ)
④ 확인(✓)

[참고] 파트02-챕터03-섹션01

35 워크시트의 [F8] 셀에 수식 "=E8/$F5"를 입력하는 중 '$'를 한글 'ㄴ'으로 잘못 입력하였다. 이 경우 [F8] 셀에 나타나는 오류 메시지로 옳은 것은?(단, [E8] 셀과 [F5] 셀에는 숫자 100과 20이 입력되어 있다.)

① #N/A
② #NAME?
③ #NULL!
④ #VALUE!

[참고] 파트02-챕터04-섹션02

36 다음 중 아래의 고급 필터 조건에 대한 설명으로 옳은 것은?

국사	영어	평균
>=80	>=85	
		>=85

① 국사가 80 이상이거나, 영어가 85 이상이거나, 평균이 85 이상인 경우
② 국사가 80 이상이거나, 영어가 85 이상이면서 평균이 85 이상인 경우
③ 국사가 80 이상이면서 영어가 85 이상이거나, 평균이 85 이상인 경우
④ 국사가 80 이상이면서 영어가 85 이상이면서 평균이 85 이상인 경우

[참고] 파트02-챕터02-섹션01

37 다음 중 날짜 데이터의 입력에 대한 설명으로 옳은 것은?

① 날짜는 1900년 1월 1일을 1로 시작하는 일련번호로 저장된다.
② 날짜 데이터는 슬래시(/)나 점(.) 또는 하이픈(-)으로 연, 월, 일을 구분하여 입력한다.
③ 수식에서 날짜 데이터를 직접 입력할 때에는 작은따옴표(')로 묶어서 입력한다.
④ 단축키 [Ctrl]+[Alt]+[;]을 누르면 오늘 날짜가 입력된다.

참고 파트02-챕터03-섹션04

38 다음 중 입사일이 1989년 6월 3일인 직원의 오늘 현재까지의 근속 일수를 구하려고 할 때 가장 적당한 함수 사용법은?

① =TODAY( )-DAY(1989,6,3)
② =TODAY( )-DATE(1989,6,3)
③ =DATE(6,3,1989)-TODAY( )
④ =DAY(6,3,1989)-TODAY( )

참고 파트02-챕터06-섹션04

39 다음 중 차트의 데이터 계열 서식에 대한 설명으로 옳지 않은 것은?

① 계열 겹치기 수치를 양수로 지정하면 데이터 계열 사이가 벌어진다.
② 차트에서 데이터 계열의 간격을 넓게 또는 좁게 지정할 수 있다.
③ 특정 데이터 계열의 값이 다른 데이터 계열 값과 차이가 많이 나거나 데이터 형식이 혼합되어 있는 경우 하나 이상의 데이터 계열을 보조 세로(값) 축에 표시할 수 있다.
④ 보조 축에 그려지는 데이터 계열을 구분하기 위하여 보조 축의 데이터 계열만 선택하여 차트 종류를 변경할 수 있다.

참고 파트02-챕터04-섹션04

40 다음 중 부분합에 대한 설명으로 옳지 않은 것은?

① 부분합은 SUBTOTAL 함수를 사용하여 합계나 평균 등의 요약 값을 계산한다.
② 첫 행에는 열 이름표가 있어야 하며, 데이터는 그룹화할 항목을 기준으로 정렬되어 있어야 한다.
③ 항목 및 하위 항목별로 데이터를 요약하며, 사용자 지정 계산과 수식을 만들 수 있다.
④ 부분합을 제거하면 부분합과 함께 표에 삽입된 개요 및 페이지 나누기도 제거된다.

빠른 정답 확인 QR
스마트폰으로 QR을 찍으면 정답표가 오픈됩니다.
기출문제를 편리하게 채점할 수 있습니다.

상시 기출문제
정답 & 해설

2024년 상시 기출문제 01회

01 ④	02 ①	03 ③	04 ①	05 ②
06 ④	07 ③	08 ②	09 ①	10 ②
11 ③	12 ②	13 ①	14 ④	15 ②
16 ③	17 ①	18 ②	19 ④	20 ①
21 ②	22 ③	23 ③	24 ④	25 ③
26 ④	27 ①	28 ④	29 ④	30 ①
31 ③	32 ④	33 ②	34 ①	35 ③
36 ①	37 ④	38 ③	39 ②	40 ③

2023년 상시 기출문제 01회

01 ③	02 ①	03 ②	04 ④	05 ③
06 ③	07 ④	08 ②	09 ④	10 ④
11 ③	12 ①	13 ①	14 ④	15 ①
16 ②	17 ③	18 ①	19 ①	20 ③
21 ③	22 ①	23 ③	24 ②	25 ③
26 ②	27 ③	28 ④	29 ③	30 ①
31 ②	32 ④	33 ②	34 ①	35 ②
36 ②	37 ③	38 ②	39 ①	40 ①

2024년 상시 기출문제 02회

01 ③	02 ④	03 ②	04 ①	05 ③
06 ②	07 ①	08 ④	09 ①	10 ④
11 ③	12 ④	13 ①	14 ③	15 ②
16 ①	17 ②	18 ④	19 ④	20 ③
21 ③	22 ③	23 ①	24 ②	25 ②
26 ②	27 ③	28 ③	29 ③	30 ③
31 ②	32 ②	33 ③	34 ④	35 ②
36 ①	37 ①	38 ②	39 ③	40 ①

2023년 상시 기출문제 02회

01 ②	02 ②	03 ④	04 ④	05 ③
06 ②	07 ①	08 ④	09 ③	10 ④
11 ②	12 ④	13 ④	14 ④	15 ④
16 ③	17 ③	18 ④	19 ②	20 ③
21 ①	22 ①	23 ②	24 ②	25 ④
26 ③	27 ③	28 ④	29 ②	30 ②
31 ②	32 ②	33 ①	34 ④	35 ②
36 ③	37 ①	38 ②	39 ①	40 ③

2024년 상시 기출문제 03회

01 ②	02 ④	03 ①	04 ④	05 ③
06 ③	07 ③	08 ①	09 ①	10 ④
11 ④	12 ①	13 ④	14 ①	15 ③
16 ④	17 ④	18 ③	19 ④	20 ②
21 ①	22 ④	23 ②	24 ①	25 ②
26 ②	27 ②	28 ②	29 ①	30 ②
31 ④	32 ④	33 ②	34 ③	35 ②
36 ③	37 ③	38 ③	39 ④	40 ②

01 ④	02 ①	03 ③	04 ①	05 ②
06 ④	07 ③	08 ②	09 ①	10 ②
11 ③	12 ②	13 ①	14 ④	15 ②
16 ③	17 ①	18 ②	19 ④	20 ①
21 ②	22 ③	23 ③	24 ④	25 ③
26 ④	27 ①	28 ④	29 ④	30 ①
31 ③	32 ④	33 ②	34 ①	35 ③
36 ①	37 ④	38 ③	39 ②	40 ③

1과목 컴퓨터 일반

01 ④

피기배킹(Piggybacking) : 정상 계정을 비인가된 사용자가 불법적으로 접근하여 정보를 빼내는 편승식 불법적 공격 방법으로 주로 PC방이나 도서관, 사무실 등에서 정상적으로 시스템을 종료하지 않고 자리를 떠난 경우 타인이 그 시스템으로 불법적 접근을 행하는 범죄 행위를 의미함

오답 피하기

- 스패밍(Spamming) : 불특정 다수에게 스팸 메일을 보내는 행위
- 스푸핑(Spoofing) : '속임수'의 의미로 어떤 프로그램이 정상적으로 실행되는 것처럼 위장하는 것
- 스니핑(Sniffing) : 특정한 호스트에서 실행되어 호스트에 전송되는 정보(계정, 패스워드 등)를 엿보는 행위

02 ①

Alt + Tab : 열려 있는 앱 간 전환

오답 피하기

- Alt + Enter : 선택한 항목에 대해 속성 표시
- Alt + F4 : 활성 항목을 닫거나 활성 앱을 종료
- Shift + Delete : 휴지통을 사용하지 않고 완전 삭제

03 ③

하드웨어의 결함이 생긴 경우라도 인터럽트가 발생하며 기계가 고장인 경우도 해당

04 ①

IPv6 주소 체계 : 128비트를 16비트씩 8부분으로 나누어 각 부분을 콜론(:)으로 구분하며 16진수로 표기함

05 ②

HTTP(HyperText Transfer Protocol) : 인터넷상에서 하이퍼텍스트를 주고받기 위한 프로토콜

오답 피하기

- FTP : 파일을 송수신하는 서비스
- SMTP : 사용자의 컴퓨터에서 작성한 메일을 다른 사람의 계정이 있는 곳으로 전송해 주는 전자우편을 송신하기 위한 프로토콜
- TCP : 메시지를 송수신의 주소와 정보로 묶어 패킷 단위로 나누고 전송 데이터의 흐름을 제어하고 데이터의 에러 유무를 검사함

06 ④

가상현실(VR : Virtual Reality) : 컴퓨터를 이용하여 특정 상황을 설정하고 구현하는 기술인 모의실험(Simulation)을 통해 실제 주변 상황처럼 경험하고 상호 작용하는 것처럼 느끼게 할 수 있는 인터페이스 시스템

07 ③

펌웨어(Firmware) : 비휘발성 메모리인 ROM에 저장된 프로그램으로, 하드웨어의 교체 없이 소프트웨어의 업그레이드만으로 시스템의 성능을 높일 수 있으며, 내용을 변경하거나 추가 또는 삭제할 수 있음

오답 피하기

- 프리웨어(Freeware) : 개발자가 무료로 자유로운 사용을 허용한 소프트웨어
- 셰어웨어(Shareware) : 정식 프로그램의 구매를 유도하기 위해 기능이나 사용 기간에 제한을 두어 무료로 배포하는 프로그램
- 에드웨어(Adware) : 광고가 소프트웨어에 포함되어 이를 보는 조건으로 무료로 사용할 수 있는 소프트웨어

08 ②

장치 관리자 : 하드웨어의 올바른 작동 여부를 확인할 수 있고, 하드웨어 장치를 제거할 수 있으며 컴퓨터에 설치된 디바이스 하드웨어 설정 및 드라이버 소프트웨어를 관리함

오답 피하기

- 앱 및 기능 : 앱을 이동하거나 수정 및 제거함
- 디스플레이 : 해상도, 디스플레이 방향 등을 설정함
- 개인 설정 : 배경, 색, 잠금 화면, 테마, 글꼴, 시작, 작업 표시줄 등에 대해 설정함

09 ①

가로채기 : 전송되는 데이터를 가는 도중에 도청 및 몰래 보는 행위로 정보의 기밀성을 저해함

오답 피하기

- 가로막기 : 데이터의 전달을 가로막아 수신자 측으로 정보가 전달되는 것을 방해하는 행위로 정보의 가용성을 저해함
- 변조/수정 : 원래의 데이터가 아닌 다른 내용으로 수정하여 변조시키는 행위로 정보의 무결성을 저해함
- 위조 : 사용자 인증과 관계되어 다른 송신자로부터 데이터가 온 것처럼 꾸미는 행위로 정보의 무결성을 저해함

10 ②

객체 지향 프로그래밍 : 프로그램에서 사용하는 데이터 구조의 데이터 형과 사용하는 함수까지 정의하는 프로그래밍 기법으로 C++, Actor, SmallTalk, JAVA 등이 있음

오답 피하기

- 구조적 프로그래밍 : 하나의 입력과 출력을 갖는 구조로 GOTO문을 사용하지 않는 기법
- 하향식 프로그래밍 : 프로그램을 작성할 때 상위에서 하위 모듈순으로 작성해 나가는 기법
- 비주얼 프로그래밍 : GUI 환경에서 아이콘과 마우스를 이용하여 대화 형식으로 효율적이고 쉽게 프로그래밍하는 기법

11 ③

KB, MB, GB, TB 등은 기억 용량 단위임

오답 피하기

컴퓨터의 처리 속도 단위 : ms(Milli Second) → μs(Micro Second) → ns (Nano Second) → ps(Pico Second) → fs(Femto Second) → as(Atto Second)

12 ②

HDD보다 외부로부터의 충격에 강하며 불량 섹터가 발생하지 않음

13 ①

누산기(Accumulator) : 중간 연산 결과를 일시적으로 기억하는 레지스터

오답 피하기

- ② : 프로그램 카운터(Program Counter) → 다음에 수행할 명령어의 번지(주소)를 기억하는 레지스터
- ③ : 명령 레지스터(IR : Instruction Register) → 현재 수행 중인 명령어를 기억하는 레지스터
- ④ : 명령 해독기(Instruction Decoder) → 수행해야 할 명령어를 해석하여 부호기로 전달하는 회로

14 ④

운영체제는 제어 프로그램(Control Program)과 처리 프로그램(Process Program)으로 구성됨

15 ②

오답 피하기

- 라우터(Router) : 데이터 전송을 위한 최적의 경로를 찾아 통신망에 연결하는 장치
- 브리지(Bridge) : 독립된 두 개의 근거리 통신망(LAN)을 연결하는 접속장치
- 게이트웨이(Gateway) : 서로 구조가 다른 두 개의 통신 네트워크를 연결하는 데 쓰이는 장치

16 ③

전자우편에 첨부된 파일을 다른 이름으로 저장하더라도 컴퓨터 바이러스가 예방되지 않음

17 ①

디지털 워터마크(Digital Watermark) : 이미지(Image), 사운드(Sound), 영상, MP3, 텍스트(Text) 등의 디지털 콘텐츠에 사람이 식별할 수 없게 삽입해 놓은 비트 패턴 등을 말함

오답 피하기

- 방화벽 : 외부 네트워크에서 내부로 들어오는 패킷을 체크하여 인증된 패킷만 통과시킴
- 펌웨어 : 비휘발성 메모리인 ROM에 저장된 프로그램으로, 하드웨어의 교체 없이 소프트웨어의 업그레이드만으로 시스템의 성능을 높일 수 있으며, 내용을 변경하거나 추가 또는 삭제할 수 있음
- 트랩 도어(Trap Door) : 백도어(Back Door)라고도 부르며, 시스템에서 보안이 제거되어 있는 통로

18 ②

IP 프로토콜 : 패킷 주소를 해석하고 경로를 결정하여 다음 호스트로 전송하며 OSI 7계층 중 네트워크(Network) 계층에 해당함

오답 피하기

①, ③, ④ : TCP 프로토콜의 기능

19 ④

병렬 포트 : 한 번에 8비트의 데이터가 동시에 전송되는 방식으로, 주로 프린터 등의 연결에 사용함

20 ①

휴지통에 보관되지 않고 완전히 삭제되어 복원이 불가능한 경우

- USB 메모리나 네트워크 드라이브에서 삭제한 경우
- 휴지통 비우기를 한 경우
- Shift + Delete 로 삭제한 경우
- [휴지통 속성]의 [파일을 휴지통에 버리지 않고 삭제할 때 바로 제거]를 선택한 경우
- 같은 이름의 항목을 복사/이동 작업으로 덮어쓴 경우

2과목 스프레드시트 일반

21 ②

- =POWER(수1,수2) : 수1을 수2만큼 거듭 제곱한 값을 구함
- =POWER(2,3) → 2^3(2×2×2) = 8

오답 피하기

- =Trunc(−5,6) → −5 : 음수에서 소수점 이하를 버리고 정수 부분(−5)을 반환함
- =Int(−7,2) → −8 : 소수점 아래를 버리고 가장 가까운 정수로 내리므로 −7,2를 내림. 음수는 0에서 먼 방향으로 내림
- =Mod(−7,3) → 2 : 나눗셈의 나머지를 구함

22 ③

- INDEX(범위, 행, 열) : 범위에서 지정한 행, 열에 있는 값을 반환함
- [B2:D11] 범위에서 3행 3열의 값을 반환하므로 결과는 9,600,000이 됨

23 ③

[차트 디자인] 탭−[데이터] 그룹에서 '행/열 전환'을 실행하면 아래와 같이 가로(항목) 축 레이블과 범례 항목(계열)이 상호 변경됨

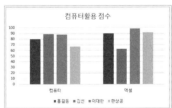

24 ④

숨겨진 열이나 행은 정렬 시 이동되지 않으므로 데이터를 정렬하기 전에 숨겨진 열과 행을 표시해야 됨

25 ③

Alt + Enter : 자동 줄 바꿈

26 ④

표면형 차트
- 두 개의 데이터 집합에서 최적의 조합을 찾을 때 사용함
- 표면형 차트는 데이터 계열이 두 개 이상일 때만 작성 가능함
- 3차원 표면형(골격형)으로 작성 가능함

오답 피하기
3차원 모양이 불가능한 차트 : 분산형, 도넛형, 방사형, 주식형 차트

27 ①

예상값을 계산하는 데 사용하는 것은 시나리오임

28 ④

④ : 자동필터가 설정된 표에서 사용자 지정 필터를 사용하여 검색할 때 서로 다른 열(주소, 직업)의 경우 '이거나'에 해당하는 데이터는 검색이 불가능함

29 ④

화면에 표시되는 틀 고정 형태는 인쇄 시에 나타나지 않음

30 ①

- 새 매크로 기록 : [개발 도구] 탭-[코드] 그룹-[매크로 기록]을 선택하여 매크로를 기록함
- Alt + F8 : [매크로] 대화 상자 실행

31 ③

=MODE.SNGL(범위1, 범위2) → #N/A : 최빈수가 존재하지 않으므로 #N/A 가 발생함

오답 피하기
- =COUNT(범위1, 범위2) → 4 : 범위1, 범위2의 숫자의 개수를 구함
- =AVERAGE(범위1, 범위2) → 2.5 : 범위1, 범위2의 산술평균을 구함
- =SUM(범위1, 범위2) → 10 : 범위1, 범위2의 합을 구함

32 ④

- 메모 입력 : Shift + F2
- 메모는 셀에 입력된 데이터를 지울 경우 자동으로 삭제되지 않음
- [검토]-[메모]-[삭제]에서 삭제할 수 있음
- [홈]-[편집]-[지우기]-[메모 지우기]에서도 삭제할 수 있음

33 ②

[여백] 탭에서는 위쪽, 아래쪽, 왼쪽, 오른쪽, 머리글, 바닥글, 페이지 가운데 맞춤 등의 설정 작업을 수행함

34 ①

수식 셀은 수량과 단가의 곱에 할인율이 적용된 판매가격이므로 [D3] 셀이 수식 셀에 입력되어야 함

35 ③

시트 이름은 공백을 포함하여 31자까지 사용 가능하며 :, ₩, /, ?, *, [ ]는 사용할 수 없음

36 ①

고급 필터의 AND(이고, 이면서) 조건
- 첫 행에 필드명을 나란히 입력하고 다음 동일한 행에 조건을 입력함
- 따라서, 근무 기간이 15년 이상(>=)이면서 나이가 50세 이상(>=)인 조건은 다음과 같이 작성됨

근무 기간	나이
>=15	>=50

오답 피하기
- ② : 근무 기간이 15년 이상이거나(또는) 나이가 50세 이상인 경우(OR 조건)
- ③, ④ : 첫 행에 필드명을 나란히 입력하고 다음 동일한 행에 조건을 입력해야 함

37 ④

그룹화할 항목은 부분합을 실행하기 전에 오름차순이나 내림차순으로 정렬되어 있어야 함

38 ③

③ =REPT("♣", COUNTIF($B$3:$B$10, D3)) → ♣
- COUNTIF(검색 범위, 조건) : 검색 범위에서 조건을 만족하는 셀의 개수를 구함
- COUNTIF($B$3:$B$10, D3)) : [$B$3:$B$10] 범위에서 [D3] 셀의 값인 "A"의 개수를 구하므로 결과는 1이 됨
- REPT(반복할 텍스트, 반복 횟수) : 반복 횟수만큼 반복할 텍스트를 표시함
- REPT("♣", 1) : "♣" 기호를 1번 나타냄

39 ②

매크로 실행 바로 가기 키가 엑셀의 바로 가기 키보다 우선함

40 ③

- 원금이 [C4], [D4], [E4], [F4] 셀에 입력되어 있으므로 C, D, E, F열은 상대참조로 하고 공통인 4행을 절대참조($4)로 함 → C$4
- 이율이 [B5], [B6], [B7], [B8] 셀에 입력되어 있으므로 공통인 B열을 절대참조($B)로 하고 5, 6, 7, 8행은 상대참조로 함 → $B5
- 따라서, [C5] 셀에 입력할 수식은 =C$4*$B5가 됨

	A	B	C	D	E	F
1			이율과 원금에 따른 수익금액			
2						
3			원금			
4			5000000	10000000	30000000	500000000
5	이	0.015	=C$4*$B5	=D$4*$B5	=E$4*$B5	=F$4*$B5
6	율	0.023	=C$4*$B6	=D$4*$B6	=E$4*$B6	=F$4*$B6
7		0.03	=C$4*$B7	=D$4*$B7	=E$4*$B7	=F$4*$B7
8		0.05	=C$4*$B8	=D$4*$B8	=E$4*$B8	=F$4*$B8

01 ③	02 ④	03 ②	04 ①	05 ③
06 ②	07 ①	08 ④	09 ①	10 ④
11 ③	12 ④	13 ①	14 ①	15 ②
16 ①	17 ②	18 ④	19 ④	20 ③
21 ③	22 ③	23 ①	24 ②	25 ②
26 ②	27 ③	28 ③	29 ③	30 ③
31 ②	32 ②	33 ③	34 ④	35 ②
36 ①	37 ①	38 ②	39 ③	40 ①

1과목　컴퓨터 일반

01 ③

오답 피하기

• 방화벽 : 외부로부터의 불법적인 침입을 막을 수는 있으나 내부의 해킹 행위에는 무방비하다는 단점이 있음
• DDoS : 분산 서비스 거부 공격
• 루트킷(Rootkit) : 해커가 시스템의 해킹 여부를 사용자가 알 수 없도록 하기 위해 사용하는 프로그램

02 ④

매크로(Macro) 바이러스 : Microsoft 사에서 개발된 엑셀과 워드 프로그램에서 사용하는 문서 파일에 감염되는 바이러스로, 일반 응용 프로그램에서 사용하는 매크로를 통하여 문서를 읽을 때 감염됨(예 Laroux, Extras)

오답 피하기

• 부트(Boot) 바이러스 : 메모리 상주형 바이러스로, 컴퓨터가 처음 가동될 때 하드디스크의 가장 처음 부분인 부트 섹터에 감염되는 바이러스(예 브레인, 미켈란젤로 등)
• 파일(File) 바이러스 : 실행 가능한 프로그램에 감염되는 바이러스를 말하며, COM, EXE, SYS 등의 확장자를 가진 파일에 감염됨(예 CIH, 예루살렘 등)
• 부트(Boot) & 파일(File) 바이러스 : 부트 섹터와 파일에 모두 감염되는 바이러스로, 스스로 복제가 가능하게 설계된 바이러스(예 Ebola, 데킬라)

03 ②

버스는 컴퓨터 내에서 중앙 처리 장치와 주기억 장치, 입출력 장치 간에 정보를 전송하는 데 사용되는 전기적 공통 선로이며 사용 용도에 따라 내부, 외부(시스템), 확장 버스로 분류되며 외부(시스템)버스는 주소 버스(Address Bus), 데이터 버스(Data Bus), 제어 버스(Control Bus)로 나누어 짐

04 ①

WMV(Windows Media Video) : MS 사가 개발한 스트리밍이 가능한 오디오 및 비디오 포맷

오답 피하기

②, ③, ④ : 그래픽 파일 형식

05 ③

플래시 메모리(Flash Memory) : 비휘발성 EEPROM의 일종으로 PROM 플래시라고도 하며 전기적으로 내용을 변경하거나 일괄 소거도 가능함. 전력 소모가 적고 데이터 전송 속도가 빨라 디지털카메라, MP3 Player와 같은 디지털 기기에서 사용됨. 데이터를 저장하는 최소 단위는 셀(Cell)이며 블록 단위로 기록되므로 수정이 쉬움

06 ②

해상도(Resolution)

• 디스플레이 모니터 내에 포함되어 있는 픽셀(Pixel)의 숫자
• 일반적으로 그래픽 화면의 선명도를 나타내는 것으로, 픽셀의 수가 많아질수록 해상도는 높아짐

07 ①

인터넷 쇼핑몰 상품 가격 비교표 작성은 컴퓨터 범죄에 해당하지 않음

08 ④

드라이브 조각 모음 및 최적화 : 디스크에 프로그램이 추가되거나 제거되고 파일들이 수정되거나 읽기, 쓰기가 반복되면서 디스크에 비연속적으로 분산 저장된 단편화된 파일들을 모아서 디스크를 최적화함

오답 피하기

• 디스크 검사 : 파일과 폴더 및 디스크의 논리적, 물리적인 오류를 검사하고 수정함
• 디스크 정리 : 디스크의 사용 가능한 공간을 늘리기 위하여 불필요한 파일들을 삭제하는 작업
• 디스크 포맷 : 하드디스크나 플로피 디스크를 초기화하는 것으로 트랙과 섹터로 구성하는 작업

09 ①

• 아날로그 컴퓨터의 특징 : 연속적인 물리량(전류, 온도, 속도 등), 증폭 회로, 미적분 연산, 특수 목적용 등
• 디지털 컴퓨터의 특징 : 숫자, 문자 등의 셀 수 있는 데이터를 취급, 구성 회로는 논리 회로, 주요 연산은 사칙 연산 등을 수행, 기억 장치와 프로그램이 필요, 범용 등

10 ④

Hamming Code : 에러 검출과 교정이 가능한 코드로, 최대 2비트까지 에러를 검출하고 1비트의 에러 교정이 가능한 방식

오답 피하기

• BCD : Zone은 2비트, Digit는 4비트로 구성됨, 6비트로 64가지의 문자 표현이 가능함
• ASCII : Zone은 3비트, Digit는 4비트로 구성됨, 7비트로 128가지의 표현이 가능함
• EBCDIC : Zone은 4비트, Digit는 4비트로 구성됨, 8비트로 256가지의 표현이 가능함

11 ③

[포맷] 창에서 파티션 제거 기능은 지원되지 않음

오답 피하기

용량, 파일 시스템, 할당 단위 크기, 장치 기본 값 복원, 볼륨 레이블, 빠른 포맷 등이 지원됨

12 ④

캐시 메모리(Cache Memory) : CPU와 주기억 장치 사이에 있는 고속의 버퍼 메모리, 자주 참조되는 데이터나 프로그램을 메모리에 저장, 메모리 접근 시간을 감소시키는 데 그 목적이 있음

오답 피하기

RAM의 종류 중 SRAM이 캐시 메모리로 사용됨

13 ①

다중 디스플레이 설정 : [설정]–[시스템]–[디스플레이]의 '여러 디스플레이'에서 설정함

14 ③

SSD(Solid State Drive) : 기존 HDD에서 발생하는 기계적 소음이 없는 무소음이며, 소비 전력이 저전력이고, 고효율의 속도를 보장해 주는 보조 기억 장치

15 ②

오답 피하기

• 폴더 내의 모든 항목을 선택하려면 Ctrl + A 를 누름
• 연속되어 있지 않은 파일이나 폴더를 선택하려면 Ctrl 을 누른 상태에서 선택하려는 각 항목을 클릭함
• 연속되는 여러 개의 파일이나 폴더 그룹을 선택하려면 첫째 항목을 클릭한 다음 Shift 를 누른 상태에서 마지막 항목을 클릭함

16 ①

스마트 그리드(Smart Grid) : 전기 생산부터 소비까지 전 과정에 정보통신 기술(ICT)을 결합한 지능형 전력망으로 공급자와 소비자 간 실시간으로 정보를 교환하여 고품질의 전력을 제공받고 에너지 효율을 최적화하는 차세대 지능형 전력망 시스템

오답 피하기

사물인터넷(IoT) : Internet Of Things의 약어로 인간 대 사물, 사물 대 사물 간에 인터넷으로 연결되어 정보의 소통이 가능한 기술

17 ②

URL(Uniform Resource Locator) : 인터넷에서 정보의 위치를 알려주는 표준 주소 체계

오답 피하기

• DNS : 문자 형태로 된 도메인 네임을 컴퓨터가 인식할 수 있는 숫자로 된 IP 어드레스로 변환해 주는 컴퓨터 체계
• HTTP : 인터넷상에서 하이퍼텍스트를 주고받기 위한 프로토콜
• NIC : 인터넷 정보 센터(Network Information Center)

18 ④

웨어러블 디바이스(Wearable Device) : 컴퓨터 칩이 내장되어 있는 입거나 몸에 착용 가능한 형태의 기기나 액세서리(시계, 안경 등)로 인터넷이 가능하며 스마트기기와의 정보 공유가 가능한 서비스

19 ④

문단 정렬과 문단 여백 설정 기능은 지원되지 않음

20 ③

HTML5(HyperText Markup Language 5) : 액티브X나 플러그인 등의 프로그램 설치 없이 동영상이나 음악 재생을 실행할 수 있는 웹 표준 언어

오답 피하기

• XML(eXtensible Markup Language) : 기존 HTML의 단점을 보완하고 문서의 구조적인 특성들을 고려하여 문서들을 상호 교환할 수 있도록 설계된 프로그래밍 언어
• VRML(Virtual Reality Modeling Language) : 입체적인 이미지를 갖는 3차원의 가상적 세계를 인터넷상에 구축하는 언어
• JSP(Java Server Page) : ASP, PHP와 동일하게 웹 서버에서 작동하는 스크립트 언어로 작성된 프로그램은 자바 서블릿 코드로 변환되어서 실행됨

2과목 스프레드시트 일반

21 ③

바로 가기 키는 기본적으로 Ctrl 이 지정되며 영문자만 가능함

22 ③

삭제한 시트는 실행 취소 명령으로 되살릴 수 없음

23 ①

도형이나 그림 등에 하이퍼링크를 지정할 수 있음

24 ②

• =SUMIFS(합계구할 범위, 셀범위1, 조건1, 셀범위2, 조건2) : 셀범위1에서 조건1이 만족하고, 셀범위2에서 조건2가 만족되는 경우 합계를 구할 범위에서 합을 구함
• =SUMIFS(D2:D6, A2:A6, "연필", B2:B6, "서울") → 500

A7			×	✓	fₓ	=SUMIFS(D2:D6, A2:A6, "연필", B2:B6, "서울")	
	A	B	C	D	E	F	G	H
1	품목	대리점	판매계획	판매실적				
2	연필	경기	150	100				
3	볼펜	서울	150	200				
4	연필	서울	300	**300**				
5	볼펜	경기	300	400				
6	연필	서울	300	**200**				
7	**500**							

25 ②

#NAME? : 함수 이름이나 정의되지 않은 셀 이름을 사용한 경우, 수식에 잘못된 문자열을 지정하여 사용한 경우

오답 피하기

• #N/A : 수식에서 잘못된 값으로 연산을 시도한 경우나 찾기 함수에서 결과 값을 찾지 못한 경우
• #NULL! : 교점 연산자(공백)를 사용했을 때 교차 지점을 찾지 못한 경우
• #VALUE! : 수치를 사용해야 할 장소에 다른 데이터를 사용하는 경우

26 ②

• 추세선은 계열의 추세에 대한 예측 가능한 흐름을 표시한 것
• 추세선의 종류에는 지수, 선형, 로그, 다항식, 거듭제곱, 이동 평균 등 6가지 종류로 구성됨
• 방사형, 원형, 도넛형 차트에는 추세선을 사용할 수 없음
• 하나의 데이터 계열에 두 개 이상의 추세선을 동시에 사용할 수 있음

27 ③

[눈금선] 항목을 선택하여 체크 표시하면 작업시트의 셀 구분선이 인쇄됨

28 ③

- ROW(행 번호를 구할 셀) : 참조의 행 번호를 반환함
- [A2] 셀에 =row()-1을 입력하고 채우기 핸들을 [A7] 셀까지 복사하면 해당 행 번호에서 1을 뺀 결과가 번호가 되므로 3행을 삭제하더라도 번호 1, 2, 3, 4, 5가 유지됨

29 ③

오름차순 정렬과 내림차순 정렬에서 공백은 맨 마지막에 위치하게 됨

30 ③

성적이 높은 순(내림차순)으로 석차를 구하는 수식 RANK.EQ(D2, $D$2:$D$5)에 의해 1, 2, 3, 4가 결과로 나오게 되면 CHOOSE 함수에 의해 1등인 경우 "천하", 2등인 경우 "대한", 3등인 경우 "영광", 4등인 경우 "기쁨"이 되므로 [E2] 셀의 김나래는 석차가 3등, 즉 "영광"이 결과 값이 됨

	A	B	C	D	E	F	G	H	I	J
	성명	이론	실기	합계	수상					
2	김나래	47	45	92	영광					
3	이석주	38	47	85	기쁨					
4	박명호	46	48	94	대한					
5	장영민	49	48	97	천하					

31 ②

- =VLOOKUP(찾을 값, 범위, 열 번호, 방법) : 범위의 첫 번째 열에서 찾을 값을 찾아서 지정한 열에서 같은 행에 있는 값을 표시함
- 찾을 값 → 박지성, 범위 → $A$3:$D$5, 열 번호 → 4(결석), 방법 → 0(정확한 값을 찾음), 1이면 찾을 값의 아래로 근사값
- =VLOOKUP("박지성", $A$3:$D$5, 4, 0) → 5

32 ②

- ? : 소수점 왼쪽 또는 오른쪽에 있는 유효하지 않은 0 대신 공백을 추가하여 소수점을 맞춤
- 따라서, 입력 데이터 44.398에 표시 형식 ???.???을 지정하면 표시 결과는 44.398이 됨

오답 피하기

- ①

7.5	#.00	7.50

  – # : 유효 자릿수만 나타내고 유효하지 않은 0은 표시하지 않음
  – 0 : 유효하지 않은 자릿수를 0으로 표시함
- ③

12,200,000	#,##0,	12,200

  – , : 천 단위 구분 기호로 쉼표를 삽입하거나 쉼표 이후 더 이상 코드를 사용하지 않으면 천 단위 배수로 표시함
- ④

상공상사	@ "귀중"	상공상사 귀중

  – @ : 문자 뒤에 특정한 문자열을 함께 나타나게 함

33 ③

'쓰기 암호'가 지정된 경우라도 파일을 수정하고 다른 이름으로 저장하는 경우는 '쓰기 암호'를 입력하지 않아도 됨

34 ④

제한 대상 : 모든 값, 정수, 소수점, 목록, 날짜, 시간, 텍스트 길이, 사용자 지정 등

35 ②

[시트] 탭에서 '반복할 행'에 [$4:$4]을 지정한 경우 모든 페이지에 4행의 내용이 반복되어 인쇄됨

36 ①

도넛형 차트 : 첫째 조각의 각 0~360도 회전 가능

37 ①

셀 잠금 또는 수식 숨기기를 적용하려면 워크시트를 보호해야 하며, 워크시트를 보호하려면 [검토] 탭에서 [변경 내용] 그룹을 선택한 다음 [시트 보호] 단추를 클릭함

38 ①

1학년 1반은 복사되며 마지막의 001번이 1씩 증가함

39 ③

하위 데이터 집합에도 필터와 정렬을 적용하여 원하는 정보만 강조할 수 있으며 조건부 서식 역시 적용 가능하므로 데이터를 시각적으로 탐색 및 분석할 수 있음

40 ①

윗주에 입력된 텍스트 중 일부분의 서식을 별도로 변경할 수 없음

01 ②	02 ④	03 ①	04 ④	05 ③
06 ③	07 ③	08 ①	09 ①	10 ④
11 ④	12 ①	13 ④	14 ③	15 ③
16 ④	17 ④	18 ③	19 ④	20 ②
21 ①	22 ④	23 ②	24 ①	25 ②
26 ②	27 ②	28 ②	29 ①	30 ②
31 ④	32 ④	33 ②	34 ③	35 ②
36 ③	37 ③	38 ③	39 ④	40 ②

1과목 컴퓨터 일반

01 ②

유틸리티(Utility) : 컴퓨터를 더 효율적으로 사용하기 위한 프로그램(예) 압축 소프트웨어)

오답 피하기

- 인터프리터(Interpreter) : 대화식 언어로 작성된 프로그램을 필요할 때마다 매번 기계어로 번역하여 실행하는 프로그램
- 컴파일러(Compiler) : 고급 언어를 기계어로 번역하는 프로그램
- 어셈블러(Assembler) : 어셈블리 언어를 기계어로 번역하는 프로그램

02 ④

가상 메모리(Virtual Memory) : 보조 기억 장치의 일부 즉, 하드디스크의 일부를 주기억 장치처럼 사용하는 메모리 사용 기법으로 기억 장소를 주기억 장치의 용량으로 제한하지 않고, 보조 기억 장치까지 확대하여 사용함

03 ①

유니코드(Unicode)

- 2바이트 코드로 세계 각 나라의 언어를 표현할 수 있는 국제 표준 코드
- 한글의 경우 조합, 완성, 옛 글자 모두 표현 가능함
- 16비트이므로 2^{16}인 65,536자까지 표현 가능함
- 한글은 초성 19개, 중성 21개, 종성 28개가 조합된 총 11,172개의 코드로 모든 한글을 표현함

04 ④

MIDI(Musical Instrument Digital Interface) : 용량이 작으며 사람의 목소리나 자연음을 재생할 수 없음

오답 피하기

WAVE : 자연의 음향과 사람의 음성 표현이 가능하며 음질이 뛰어나기 때문에 파일의 용량이 큼

05 ③

HDMI(High-Definition Multimedia Interface)

- 고선명 멀티미디어 인터페이스로 비압축 방식이므로 영상이나 음향 신호 전송 시 소프트웨어나 디코더 칩(Decoder Chip) 같은 별도의 디바이스가 필요 없음
- 기존의 아날로그 케이블보다 고품질의 음향이나 영상을 전송함

오답 피하기

- DVI(Digital Video Interactive) : 디지털 TV를 만들기 위해 개발되었던 것을 인텔에서 인수하여 동영상 압축 기술(최대 144:1정도)로 개발함
- USB(Universal Serial Bus) : 허브(Hub)를 사용하면 최대 127개의 주변 기기 연결이 가능한 범용 직렬 버스 장치
- IEEE-1394 : 미국전기전자학회(IEEE)가 표준화한 직렬 인터페이스 규격의 포트

06 ③

접근성 : 사용자의 시력, 청력, 기동성에 따라 컴퓨터 설정을 조정하고 음성 인식을 사용하여 음성 명령으로 컴퓨터를 조정함

오답 피하기

- 동기화 센터 : 컴퓨터의 파일이 네트워크 서버의 파일(오프라인 파일)과 동기화되도록 설정한 경우 동기화 센터를 사용하여 최신 동기화 작업의 결과를 확인할 수 있음
- 사용자 정의 문자 편집기 : 문자를 직접 만들어서 문자표로 문서에 삽입할 수 있음
- 프로그램 호환성 관리자 : 이전 프로그램에서 알려진 호환성 문제를 검색, 이 Windows 버전에서 이전 프로그램을 실행하면 프로그램 호환성 관리자는 문제가 있는지 알려주고 다음에 프로그램을 실행할 때 문제를 해결할 수 있게 해 줌

07 ③

V3 유틸리티는 파일 감염 여부의 점검과 치료를 담당함

08 ①

전자 우편은 기본적으로 7비트의 ASCII 코드를 사용하여 전송함

09 ①

한글 Windows의 [폴더 옵션] 창에서 선택된 폴더에 암호를 설정하는 기능은 지원되지 않음

10 ④

OSI 7 계층 : 물리 계층, 데이터 링크 계층, 네트워크 계층, 전송 계층, 세션 계층, 표현 계층, 응용 계층

11 ④

④ 트리(Tree)형 : 중앙의 컴퓨터와 일정 지역의 단말기까지는 하나의 통신 회선으로 연결되어 이웃 단말기는 이 단말기로부터 근처의 다른 단말기로 회선이 연장되는 형태, 분선 처리 시스템이 가능하고 통신 선로가 가장 짧음, 단방향 전송에 적합, 성(Star)형이 아님에 주의해야 함

오답 피하기

① : 링(Ring)형, ② : 망(Mesh)형, ③ : 버스(Bus)형

12 ①

일괄 처리 시스템(Batch Processing System) : 발생한 자료를 일정 기간 모아 두었다가 한꺼번에 처리하는 방식

오답 피하기

- 실시간 처리 시스템 : 발생한 자료를 바로 처리하는 시스템
- 시분할 시스템 : 다수의 이용자가 여러 개의 입출력 장치를 동시에 사용할 수 있는 방식
- 분산 처리 시스템 : 각 지역별로 발생한 자료를 분산 처리하는 방식

13 ④

- (300 × 200 × 1)/10 = 6000Byte = 6KB
- 256 색상은 8비트(2^8)로 표현이 가능하며, 8비트는 1바이트이므로 픽셀당 저장 용량은 1이 됨

14 ③

서브넷 마스크(Subnet Mask)

- 네트워크 ID와 호스트 ID를 구분해 주는 역할을 함
- Subnet은 여러 개의 LAN에 접속하는 경우 하나의 LAN을 의미함
- Subnet Mask는 IP 수신자에게 제공하는 32비트 주소
- 대부분 255.255.255.0의 C 클래스(Class)로 정의함

15 ③

키오스크(Kiosk) : 고객의 편의를 위하여 공공장소에 설치된 컴퓨터 자동화 시스템

16 ④

Smart TV : TV 안에 중앙 처리 장치(CPU)가 설치되고 운영체제(OS)에 의해 구동되며 TV 방송뿐만 아니라 PC처럼 인터넷이 가능하여 검색 기능과 게임, VOD 등이 가능한 TV로 '쌍방향 TV, 인터넷 TV 또는 커넥티드 TV'라고도 함

오답 피하기

- HDTV(High Definition TeleVision) : 고화질 텔레비전
- Cable TV : 유선 방송 텔레비전
- IPTV(Internet Protocol TV) : 초고속 인터넷을 이용한 TV로 방송 등 다양한 콘텐츠를 제공받는 TV

17 ④

반이중(Half Duplex) 방식 : 양쪽 방향에서 데이터 전송은 가능하지만 동시 전송은 불가능한 방식(예 무전기)

오답 피하기

- 단방향(Simplex) 방식 : 한쪽 방향으로만 데이터 전송이 가능한 방식(예 라디오, TV 방송)
- 전이중(Full Duplex) 방식 : 양쪽 방향에서 동시에 데이터 전송이 가능한 방식(예 전화)

18 ③

VOD(Video On Demand)는 사용자의 주문에 의해 데이터베이스로 구축되어 있는 영화나 드라마, 뉴스 등의 비디오 정보를 실시간으로 즉시 전송해 주는 서비스로 사용자 간의 커뮤니케이션을 목적으로 하지 않음

19 ④

라우터(Router) : 데이터 전송을 위한 최적의 경로를 선택함

오답 피하기

- 허브(Hub) : 집선 장치로서 각 회선을 통합적으로 관리함
- 브리지(Bridge) : 독립된 두 개의 근거리 통신망을 연결하는 접속 장치

20 ②

복호화는 비밀키로 하고 암호화는 공개키로 함

2과목 스프레드시트 일반

21 ①

시나리오 관리자 : 변경 요소가 많은 작업표에서 가상으로 수식이 참조하고 있는 셀의 값을 변화시켜 작업표의 결과를 예측하는 기능

오답 피하기

- 목표값 찾기 : 수식의 결과 값은 알고 있으나 그 결과 값을 얻기 위한 입력값을 모를 때 사용함
- 부분합 : 워크시트에 있는 데이터를 일정한 기준으로 요약하여 통계 처리를 수행하며 정렬 작업이 선행되어야 함
- 통합 : 데이터 통합은 하나 이상의 원본 영역을 지정하여 하나의 표로 데이터를 요약함

22 ④

원본 데이터에 연결 : 원본 데이터가 변경될 때 통합된 데이터 결과가 자동으로 업데이트됨

오답 피하기

- 범위의 범위를 변경해야 하는 경우(또는 범위를 바꾸려면) 통합 팝업에서 범위를 클릭하고 통합 단계를 사용하여 업데이트하며, 이 경우 새 범위 참조가 만들어지므로 다시 통합하기 전에 이전 참조를 삭제해야 함(이전 참조를 선택하고 Delete 를 누름)
- 원본 및 대상 영역이 동일한 시트에 있는 경우에는 연결을 만들 수 없음

23 ②

- AND 조건 : 첫 행에 필드명을 나란히 입력하고, 동일한 행에 조건을 입력함
- OR 조건 : 첫 행에 필드명을 나란히 입력하고, 서로 다른 행에 조건을 입력함
- 조건 범위 [A9:B11]에 의해 합계가 '90보다 크고 95보다 작은' 김진아(합계 92), 장영주(합계 94)와 '70보다 작은' 김시내(합계 65)가 필터링되므로 결과의 레코드 수는 3이 됨

성명	이론	실기	합계
김진아	47	45	92
장영주	46	48	94
김시내	40	25	65

24 ①

Alt + M 을 누르면 [수식] 탭이 선택됨

25 ②

눈금선
- 워크시트 눈금선을 인쇄에 포함하려면 눈금선 확인란을 선택함
- 눈금선은 워크시트에 표시할지 여부에 관계 없이 기본적으로 인쇄되지 않음

오답 피하기
- ① 메모 : '(없음)', '시트 끝', '시트에 표시된 대로' 중 하나를 선택하여 인쇄할 수 있음
- ③ 간단하게 인쇄 : 인쇄 시 테두리나 그래픽 등을 생략하고 데이터만 인쇄함
- ④ 인쇄 영역 : 숨겨진 행이나 열은 인쇄되지 않음

26 ②

- ROUNDDOWN(수1, 수2) : 수1을 무조건 내림하여 자릿수(수2)만큼 반환함
- ROUNDDOWN(165,657, 2) : 165,657을 무조건 내림하여 2자릿수만큼 반환함 → 165.65
- POWER(−2, 3) : −2의 3제곱을 구함 → −8
- ABS(−8) : −8의 절대값을 구함 → 8
- 따라서 165.65 − 8 = 157.65가 됨

27 ②

- INDEX(B2:C6,4,2) : [B2:C6] 범위에서 4행 2열의 값 → 100
- LARGE(B2:C6,2) : [B2:C6] 범위에서 2번째로 큰 값 → 98
- =SUM(100,98) : 합을 구함 → 198

28 ②

`Ctrl`+`Page Up` / `Ctrl`+`Page Down` : 활성 시트의 앞/뒤 시트로 이동함

오답 피하기
- ① (ㄱ) `Home` : 해당 행의 A열로 이동함 , (ㄴ) `Ctrl`+`Home` : 워크시트의 시작 셀(A1)로 이동함
- ③ (ㄱ) `Ctrl`+`←` : 현재 영역의 좌측 마지막 셀로 이동함, (ㄴ) `Ctrl`+`→` : 현재 영역의 우측 마지막 셀로 이동함
- ④ (ㄱ) `Shift`+`↑` : 위쪽으로 범위가 설정됨, (ㄴ) `Shift`+`↓` : 아래쪽으로 범위가 설정됨

29 ①

[계열 차트 종류 변경]을 이용하여 꺾은선형으로 변경한 다음 [데이터 계열 서식] 대화 상자의 [채우기 및 선]에서 [완만한 선]을 설정함

30 ②

창 나누기를 수행하면 셀 포인트의 왼쪽과 위쪽으로 창 구분선이 표시됨

31 ④

=AND(6〈5, 7〉5) → FALSE(AND함수는 두 조건이 모두 만족할 때만 TRUE가 됨)

오답 피하기
- =RIGHT("Computer",5) → puter(오른쪽에서 5개를 추출)
- =POWER(2,3) → 8(2의 세제곱)
- =TRUNC(5,96) → 5(=TRUNC(수1, 수2)는 수1을 무조건 내림하여 수2만큼 반환함. 수2 생략시 0으로 처리되므로 5가 됨)

32 ④

오답 피하기
- ① : 수식 작성 중 마우스로 셀을 클릭하면 기본적으로 해당 셀이 상대 참조로 처리됨
- ② : 수식에 셀 참조를 입력한 후 셀 참조의 이름을 정의한 경우에는 참조 에러가 발생하지 않음
- ③ : 셀 참조 앞에 워크시트 이름과 느낌표(!)를 차례로 넣어서 다른 워크시트에 있는 셀을 참조함

33 ②

목표값 찾기에서 변하는 데이터는 한 개만 지정해야 함

오답 피하기
목표값 찾기 : 수식의 결과 값은 알고 있으나 그 결과 값을 얻기 위한 입력 값을 모를 때 이용하는 기능

34 ③

텍스트, 텍스트/숫자 조합은 셀에 입력하는 처음 몇 자가 해당 열의 기존 내용과 일치하면 자동으로 입력되지만 날짜, 시간 데이터는 자동으로 입력되지 않음

35 ②

작성된 피벗 테이블을 삭제하는 경우 함께 작성한 피벗 차트는 일반 차트로 변경됨

36 ③

- [페이지 설정]−[머리글/바닥글] 탭−[머리글 편집]에서 설정함
- &[페이지 번호] : 현재 페이지 번호를 자동으로 삽입함
- −&[페이지 번호] Page−의 결과는 '−1 Page−'처럼 표시됨

37 ③

③ =SUM(LARGE(B3:D3, 2), SMALL(B3:D3, 2)) → 174
- LARGE(B3:D3, 2) → 87(B3:D3 범위에서 2번째로 큰 수를 구함)
- SMALL(B3:D3, 2) → 87(B3:D3 범위에서 2번째로 작은 수를 구함)
- SUM(87,87) → 174(인수로 지정한 숫자의 합계를 구함)

오답 피하기

① =SUM(COUNTA(B2:D4), MAXA(B2:D4)) → 109
- COUNTA(B2:D4) → 9(B2:D4 범위에서 공백이 아닌 인수의 개수를 구함)
- MAXA(B2:D4) → 100(B2:D4 범위의 인수중에서 최대값을 구함)
- SUM(9,100) → 109(인수로 지정한 숫자의 합계를 구함)

② =AVERAGE(SMALL(C2:C4, 2), LARGE(C2:C4, 2)) → 87
- SMALL(C2:C4, 2) → 87(C2:C4 범위에서 2번째로 작은 수를 구함)
- LARGE(C2:C4, 2) → 87(C2:C4 범위에서 2번째로 큰 수를 구함)
- AVERAGE(87,87) → 87(인수로 지정한 숫자의 평균을 구함)

④ =SUM(COUNTA(B2,D4), MINA(B2,D4)) → 85
- COUNTA(B2,D4) → 2(B2와 D4, 2개의 인수 개수를 구함)
- MINA(B2,D4) → 83(B2셀의 값 83, D4셀의 값 100에서 작은 값을 구함)
- SUM(2,83) → 85(인수로 지정한 숫자의 합계를 구함)

38 ③

날짜 및 시간 데이터의 텍스트 맞춤은 기본 오른쪽 맞춤으로 표시됨

39 ④

- MOD(수1, 수2) : 수1을 수2로 나눈 나머지 값을 구함
- COLUMN(열 번호를 구하려는 셀) : 참조의 열 번호를 반환함
- =MOD(COLUMN(B3),2)=0 : COLUMN(B3)에 의해 B열의 열 번호 2를 가지고 2로 나눈 나머지가 0이면 참이되므로 조건부 서식이 적용됨. 따라서 B열과 D열(열 번호 4)은 나머지가 0이 되어 조건부 서식이 적용됨

오답 피하기

COLUMNS(배열이나 배열 수식 또는 열 수를 구할 셀 범위에 대한 참조) : 배열이나 참조에 들어 있는 열의 수를 반환함

40 ②

데이터 표 : 워크시트에서 특정 데이터를 변화시켜 수식의 결과가 어떻게 변하는지 보여주는 셀 범위를 데이터 표라고 함

오답 피하기

- 통합 : 하나 이상의 원본 영역을 지정하여 하나의 표로 데이터를 요약
- 부분합 : 워크시트에 있는 데이터를 일정한 기준으로 요약하여 통계 처리를 수행
- 시나리오 관리자 : 변경 요소가 많은 작업표에서 가상으로 수식이 참조하고 있는 셀의 값을 변화시켜 작업표의 결과를 예측하는 기능

01 ③	02 ①	03 ②	04 ④	05 ③
06 ③	07 ④	08 ③	09 ④	10 ④
11 ③	12 ①	13 ①	14 ③	15 ①
16 ②	17 ③	18 ③	19 ①	20 ③
21 ③	22 ①	23 ③	24 ②	25 ③
26 ②	27 ③	28 ④	29 ③	30 ①
31 ②	32 ④	33 ②	34 ①	35 ②
36 ②	37 ③	38 ②	39 ①	40 ①

1과목 컴퓨터 일반

01 ③

하이퍼링크(HyperLink) : 문서와 문서 간에 연결(링크)점을 가지고 있어서 관련 정보를 쉽게 찾을 수 있게 하는 기능

02 ①

오답 피하기

• 명령 해독기(Instruction Decoder) : 명령 레지스터에 있는 명령어를 해독하는 회로
• 부호기(Encoder) : 명령 레지스터에 있는 명령어를 암호화하는 회로
• 프로그램 계수기(Program Counter) : 현재 실행하고 있는 명령을 끝낸 후 다음에 실행할 명령의 주소를 기억하고 있는 레지스터

03 ②

cmd : 명령 프롬프트 창을 표시하기 위한 명령

04 ④

RFID(Radio Frequency IDentification) 서비스 : 모든 사물에 센싱, 컴퓨터 및 통신 기능을 탑재하여 언제 어디서나 정보를 처리, 제공할 수 있도록 지원하는 유비쿼터스 서비스(비접촉 ID 시스템)

오답 피하기

• 텔레매틱스 서비스 : 통신망을 통해 확보된 위치 정보를 기반으로 교통 안내, 긴급 구난, 물류 정보 등을 제공하는 이동형 정보 활용 서비스
• DMB 서비스 : 고속 이동 시청, 초고화질 방송 등 기존 방송의 한계를 극복하고 통신망과 연계된 멀티미디어 서비스
• W-CDMA 서비스 : 광대역의 디지털 이동 통신 시스템 방식으로 코드를 분할하여 다중 접속하는 기법

05 ③

SSD(Solid State Drive) : 반도체를 이용하여 정보를 저장하는 장치이며 기존의 하드디스크 드라이브에 비하여 속도가 빠르고 기계적 지연이나 실패율, 발열이나 소음도 적어, 소형화 · 경량화할 수 있는 장점이 있는 저장 장치

오답 피하기

• BIOS(Basic Input Output System) : 컴퓨터의 기본 입출력 시스템을 부팅과 컴퓨터 운영에 대한 정보를 보유하고 있으며 펌웨어(Firmware)라고도 함
• DVD(Digital Versatile Disk) : 광디스크의 일종으로 기존의 다른 매체와는 달리 4.7GB의 기본 용량(최대 17GB)을 가짐
• CD-RW(Compact Disc Rewritable) : 여러 번에 기록, 삭제를 할 수 있는 CD

06 ③

• SMTP : 전자우편을 송신하기 위한 프로토콜
• MIME : 전자우편으로 멀티미디어 정보를 전송할 수 있도록 해 주는 멀티미디어 지원 프로토콜임

07 ④

멀티미디어 동영상 정보는 사운드와 영상이 통합되어 전송됨

08 ③

전자우편에 첨부된 파일을 다른 이름으로 저장하여도 바이러스가 예방되지 않으며 반드시 최신 버전의 백신 프로그램으로 바이러스 검사를 한 후 사용해야 함

09 ④

전원이 끊어져도 그 안에 저장된 정보가 지워지지 않는 비휘발성 기억 장치임

10 ④

URL(Uniform Resource Locator) : 인터넷에서 정보의 위치를 알려주는 표준 주소 체계, 인터넷의 정보에 대한 접근 방법, 위치, 파일명 등으로 구성됨

오답 피하기

• DHCP(Dynamic Host Configuration Protocol) : IP 주소를 자동으로 할당해 주는 동적 호스트 설정 통신 규약
• CGI(Common Gateway Interface) : 웹 서버에 있어 사용자의 요구를 응용 프로그램에 전달하고 그 결과를 사용자에게 되돌려 주기 위한 표준적인 방법
• DNS(Domain Name System) : 문자 형태로 된 도메인 네임을 컴퓨터가 인식할 수 있는 숫자로 된 IP 주소로 변환해 주는 시스템

11 ③

인쇄 관리자 창에서 인쇄 대기 중인 문서는 편집할 수 없음

12 ①

유니코드(Unicode)

• 2바이트 코드로 세계 각 나라의 언어를 표현할 수 있는 국제 표준 코드
• 한글의 경우 조합, 완성, 옛 글자 모두 표현 가능함
• 16비트이므로 2의 16제곱인 65,536자까지 표현 가능함
• 한글은 초성 19개, 중성 21개, 종성 28개가 조합된 총 11,172개의 코드로 모든 한글을 표현함

13 ①

오답 피하기

• 게이트웨이(Gateway) : 서로 다른 네트워크를 상호 접속하거나 다른 프로토콜을 사용하는 경우에 변환 작업을 수행하는 장치
• 라우터(Router) : 랜을 연결하여 정보를 주고받을 때 송신 정보에 포함된 수신처의 주소를 읽고 가장 적절한 통신 통로를 이용하여 다른 통신망으로 전송하는 장치
• 허브(Hub) : 여러 대의 컴퓨터를 연결하여 네트워크를 구성하게 해 주는 장치

14 ③

가상 기억 장치 : 보조 기억 장치를 주기억 장치처럼 사용하여 주기억 장치 용량의 기억 용량을 확대하여 사용하는 방법

오답 피하기

- 가상 기억 장치는 주기억 장치보다 컴퓨터 구조가 복잡해지고 수행 시간은 길어짐
- 가상 기억 장치를 사용하여 주기억 장치를 확장하는 것이지, 보조 기억 장치의 용량이 늘어나지는 않음

15 ①

스풀 기능을 설정하면 인쇄 속도가 스풀 설정 이전보다 느려짐

16 ②

패치 프로그램(Patch Program) : 이미 제작하여 배포된 프로그램의 오류 수정이나 성능 향상을 위하여 프로그램 일부를 변경해 주는 프로그램

오답 피하기

- ① : 벤치마크 프로그램(Benchmark Program)
- ③ : 알파 테스트(Alpha Test) 버전
- ④ : 베타 테스트(Beta Test) 버전

17 ③

디지털 컴퓨터는 논리 회로를 사용하고 아날로그 컴퓨터는 증폭 회로를 사용함

18 ③

인터넷 쇼핑몰에서 상품 가격을 비교하여 가격 비교표를 작성하는 것은 컴퓨터 범죄에 해당하지 않음

19 ①

운영체제는 컴퓨터가 작동하는 동안 주기억 장치인 RAM에 위치하여 실행됨

20 ③

MPEG-7 : 인터넷상에서 멀티미디어 동영상의 정보 검색이 가능, 정보 검색 등을 효율적으로 사용하기 위한 콘텐츠 저장 및 검색을 위한 표준

오답 피하기

- MPEG-1 : 비디오 CD나 CD-I의 규격, 저장 매체나 CD 재생의 용도로 이용함
- MPEG-4 : 멀티미디어 통신을 위해 만들어진 영상 압축 기술, 동영상의 압축 표준안 중에서 IMT-2000 멀티미디어 서비스, 차세대 대화형 인터넷 방송의 핵심 압축 방식으로 비디오/오디오를 압축하기 위한 표준
- MPEG-21 : MPEG 기술을 통합한 디지털 콘텐츠의 제작, 유통, 보안 등 모든 과정을 관리할 수 있는 규격

2과목 | 스프레드시트 일반

21 ③

- =Year(날짜) : 날짜의 연도만 따로 추출함
- =Today( ) : 현재 컴퓨터 시스템의 날짜만 반환함

22 ①

실제 인쇄할 때는 설정된 화면의 크기대로 인쇄되지 않음

23 ③

[개발 도구] 탭-[코드] 그룹-[매크로]를 실행하면 나타나는 [매크로] 대화 상자에서 등록된 매크로를 편집, 수정할 수 있음

24 ②

두 개 이상의 셀을 범위로 지정하여 채우기 핸들을 끌면 데이터 사이의 차이에 의해 증가 또는 감소하면서 채워지므로 [B4] 셀까지 드래그했을 때 "일, 월, 화, 수", "1, 2, 3, 4"처럼 값이 변경됨

25 ③

암호는 선택 사항이므로 암호를 지정하지 않으면 누구든지 시트 보호를 해제하고 보호된 요소를 변경할 수 있음

26 ②

- 셀 값, 셀 색, 글꼴 색 또는 조건부 서식 아이콘을 기준으로 정렬할 수 있음
- 글꼴 색 또는 셀 색, 조건부 서식 아이콘의 기본 정렬 순서는 없으나 각 정렬에 대해 원하는 순서를 정의하여 정렬할 수 있음

오답 피하기

- ① : 최대 64개의 열을 기준으로 정렬할 수 있음
- ③ : 정렬 대상 범위에 병합된 셀이 포함되어 있으면 정렬할 수 없음
- ④ : 숨겨진 열이나 행은 정렬 시 이동되지 않음. 따라서 데이터를 정렬하기 전에 숨겨진 열과 행을 표시함

27 ③

- 같은 행끼리 있는 조건은 그리고(AND), 다른 행끼리 있는 조건은 또는(OR) 조건으로 계산함
- [A2]와 [B2] 셀에 있는 조건은 '그리고' 조건으로 계산하고 [A3] 셀은 '또는' 조건으로 계산

28 ④

강제로 줄 바꿈 : 데이터 입력 후 [Alt]+[Enter]를 누르면 동일한 셀에서 줄이 바뀌며 이때 두 줄 이상의 데이터를 입력할 수 있음

오답 피하기

- [Tab] : 현재 셀의 오른쪽으로 셀 포인터를 이동함
- [Ctrl]+[Enter] : 범위를 지정하고 데이터 입력 후 [Ctrl]+[Enter]를 누르면 선택 영역에 동일한 데이터가 한꺼번에 입력됨
- [Shift]+[Enter] : 현재 셀의 위쪽으로 셀 포인터를 이동함

29 ③

시나리오의 값을 변경하면 해당 변경 내용이 기존 요약 보고서에 자동으로 다시 계산되어 표시되지 않으므로 시나리오 요약 보고서를 다시 작성해야 함

30 ①

일반 : 설정된 표시 형식을 엑셀의 기본 값으로 되돌리며, 특정 서식을 지정하지 않음

31 ②

- 추세선은 계열의 추세에 대한 예측 가능한 흐름을 표시한 것
- 추세선의 종류에는 지수, 선형, 로그, 다항식, 거듭제곱, 이동 평균 등 6가지 종류로 구성됨
- 방사형, 원형, 도넛형 차트에는 추세선을 사용할 수 없음
- 하나의 데이터 계열에 두 개 이상의 추세선을 동시에 사용할 수 있음

32 ④

#REF! : 셀 참조를 잘못 사용한 경우에 발생함

#NUM! : 숫자 인수가 필요한 함수에 다른 인수를 지정했을 때

33 ②

- =POWER(수1,수2) : 수1을 수2 만큼 거듭 제곱한 값을 구함
- =POWER(2,3) → 2의 3제곱($2 \times 2 \times 2$) = 8

- =Trunc(−5.6) → −5 : 음수에서 소수점 이하를 버리고 정수 부분(−5)을 반환함
- =Int(−7.2) → −8 : 소수점 아래를 버리고 가장 가까운 정수로 내리므로 −7.2를 내림. 음수는 0에서 먼 방향으로 내림
- =Mod(−7,3) → 2 : 나눗셈의 나머지를 구함

34 ①

314826에 #,##0,를 적용하는 경우 마지막 콤마(,) 뒤에 더 이상 코드가 없으므로 천 단위 배수로 나타나며 8에 의해 반올림되어 315가 됨(만약 원본 데이터가 314426인 경우는 반올림이 되지 않으므로 314가 됨)

오답 피하기

- # : 유효 자릿수만 나타내고 유효하지 않은 0은 표시하지 않음
- 0 : 유효하지 않은 자릿수를 0으로 표시함
- , : 천 단위 구분 기호로 콤마를 삽입함. 콤마 이후에 더 이상 코드를 사용하지 않으면 천 단위 배수로 표시함
- yyyy : 연도를 네 자리로 표시함
- mmmm : 월을 January, February, March, … , December처럼 표시함

35 ②

방사형 차트 : 많은 데이터 계열의 합계 값을 비교할 때 사용하며 항목마다 가운데 요소에서 뻗어 나온 값 축을 갖고, 선은 같은 계열의 모든 값을 연결, 3차원 차트로 작성할 수 없음

- 도넛형 차트 : 전체 합계에 대한 각 항목의 구성 비율을 표시, 원형 차트와 비슷하지만 여러 데이터 계열을 표시할 수 있음
- 분산형 차트 : 데이터의 불규칙한 간격이나 묶음을 보여주는 것으로 데이터 요소 간의 차이점보다는 큰 데이터 집합 간의 유사점을 표시하려는 경우에 사용
- 주식형 차트 : 주식 가격을 표시할 때 사용하며, 온도 변화와 같은 과학 데이터를 나타내는 데 사용하기도 함

36 ②

[시트] 탭에서 '반복할 행'에 [$4:$4]을 지정한 경우 모든 페이지에 4행의 내용이 반복되어 인쇄됨

37 ③

매크로 이름 : 첫 글자는 반드시 문자이어야 하며 나머지는 문자, 숫자, 밑줄 등을 사용함

38 ②

창 나누기를 수행하면 셀 포인트의 왼쪽과 위쪽으로 창 구분선이 표시됨

39 ①

부분합에서 사용할 수 있는 함수 : 합계, 개수, 평균, 최대, 최소, 곱, 숫자 개수, 표본 표준 편차, 표준 편차, 표본 분산, 분산

40 ①

- =DCOUNT(데이터베이스, 필드, 조건 범위) : 조건을 만족하는 필드의 수치의 개수를 구함
- =DCOUNT(A1:D5,2,F2:F3) : 필드가 2이므로 "이름" 필드이며 "이름" 필드는 수치가 아니므로 0이 됨

- =DCOUNTA(데이터베이스, 필드, 조건 범위) : 조건을 만족하는 모든 필드의 개수를 구함
- =DCOUNTA(A1:D5,2,F2:F3) : DCOUNTA이므로 필드가 2인 "이름" 필드이더라도 조건에 만족하는 모든 필드의 개수를 구함(결과는 2가 됨)

01 ②	02 ②	03 ④	04 ④	05 ③
06 ②	07 ①	08 ④	09 ③	10 ④
11 ②	12 ④	13 ③	14 ④	15 ④
16 ③	17 ③	18 ④	19 ②	20 ③
21 ①	22 ①	23 ②	24 ②	25 ④
26 ③	27 ③	28 ③	29 ③	30 ②
31 ②	32 ②	33 ①	34 ④	35 ②
36 ③	37 ①	38 ②	39 ①	40 ③

1과목 컴퓨터 일반

01 ②

오답 피하기

- 스푸핑(Spoofing) : "속임수"의 의미로 어떤 프로그램이 정상적으로 실행되는 것처럼 위장하는 것
- 키로거(Key Logger) : 악성 코드에 감염된 시스템의 키보드 입력을 저장 및 전송하여 개인 정보를 빼내는 크래킹 행위
- 백도어(Back Door) : 시스템 관리자의 편의를 위한 경우나 설계상 버그로 인해 시스템의 보안이 제거된 통로를 말하며, 트랩 도어(Trap Door)라고도 함

02 ②

- LAN(Local Area Network) : 근거리 통신망
- MAN(Metropolitan Area Network) : LAN과 WAN의 중간 형태의 도시 지역 통신망
- WAN(Wide Area Network) : 광역 통신망

03 ④

USB 3.0은 파란색, USB 2.0은 검정색 또는 흰색을 사용함

04 ④

폴더의 저장 위치의 확인은 가능하나 변경할 수는 없음

05 ③

컴퓨터의 처리 속도를 높이기 위해서는 RAM(주기억 장치)의 용량을 늘려주는 것이 가장 효율적임

오답 피하기

EIDE는 하드디스크에 연결하기 위한 방식이며, 모니터 교체나 CD-ROM의 교체로 컴퓨터의 처리 속도가 효율적으로 높아지는 것은 아님

06 ②

$ns = 10^{-9}\ sec$

오답 피하기

$\mu s = 10^{-6}\ sec$

07 ①

누산기(ACCumulator) : 중간 연산 결과를 일시적으로 기억하는 레지스터

오답 피하기

② : IR(명령 레지스터), ③ : 명령 해독기, ④ : PC(프로그램 카운터)

08 ④

인쇄 작업에 들어간 것은 인쇄 취소로 종료시킬 수 있음

09 ③

키오스크(Kiosk) : 고객의 편의를 위하여 공공 장소에 설치된 컴퓨터 자동화 시스템

오답 피하기

- 킨들(Kindle) : 전자책 서비스를 사용하기 위한 기기
- 프리젠터(Presenter) : 내용을 발표하거나 설명하는 사람
- UPS : 무정전 전원 공급 장치

10 ④

각 블록에서 선행되는 0은 생략할 수 있으며, 연속된 0의 블록은 ::으로 한 번만 생략 가능함

오답 피하기

- ① : 총 128비트를 16비트씩 8개 부분으로 나눔
- ② : IPv4에 대한 설명임
- ③ : IPv4와 호환성이 높음

11 ②

가상현실(Virtual Reality) : 컴퓨터를 이용하여 특정 상황을 설정하고 구현하는 기술인 모의실험을 통해 실제 주변 상황처럼 경험하고 상호 작용하는 것처럼 느끼게 할 수 있는 인터페이스 시스템

12 ④

F5 : 새로 고침

오답 피하기

F6 : 창이나 바탕 화면의 화면 요소들을 순환

13 ③

아날로그 컴퓨터 : 온도, 전압, 진동 등과 같이 연속적으로 변하는 데이터를 효율적으로 처리

14 ④

데이터의 논리적 구성 단위 : 필드 - 레코드 - 파일 - 데이터베이스

15 ④

라우터(Router) : 데이터 전송을 위한 최적의 경로를 선택함

오답 피하기

- 허브(Hub) : 집선 장치로서 각 회선을 통합적으로 관리함
- 브리지(Bridge) : 독립된 두 개의 근거리 통신망을 연결하는 접속 장치
- 스위치(Switch) : 연결된 각각의 단말기에 할당된 속도를 최대화해 주는 장치

16 ③

수행 후에 처리 속도 면에서는 효율적이나 디스크의 총용량이 늘어나지는 않음

17 ③

공개키(비 대칭키, 이중키) 암호화 : 암호키(암호화)는 공개키로, 해독키(복호화)는 비밀키로 함

오답 피하기

비밀키(대칭키, 단일키) 암호화 : 송신자와 수신자가 서로 동일(대칭)한 하나(단일)의 비밀키를 가짐

18 ④

가상 메모리(Virtual Memory) : 보조 기억 장치의 일부 즉, 하드디스크의 일부를 주기억 장치처럼 사용하는 메모리 사용 기법으로 기억 장소를 주기억 장치의 용량으로 제한하지 않고, 보조 기억 장치까지 확대하여 사용함

오답 피하기

• 플래시 메모리(Flash Memory) : EEPROM의 일종으로, PROM 플래시라고도 하며, 전기적으로 내용을 변경하거나 일괄 소거도 가능
• 캐시 메모리(Cache Memory) : 휘발성 메모리로, 속도가 빠른 CPU와 상대적으로 속도가 느린 주기억 장치 사이에 있는 고속의 버퍼 메모리
• 연관 메모리(Associative Memory) : 저장된 내용의 일부를 이용하여 기억 장치에 접근하여 데이터를 읽어오는 기억 장치

19 ②

가로채기(Interception) : 전송되는 데이터를 가는 도중에 도청 및 몰래 보는 행위, 정보의 기밀성(Secrecy)을 저해함

오답 피하기

• 수정(Modification) : 원래의 데이터가 아닌 다른 내용으로 수정하여 변조시키는 행위, 정보의 무결성(Integrity)을 저해함
• 가로막기(Interruption) : 데이터의 전달을 가로막아 수신자 측으로 정보가 전달되는 것을 방해하는 행위, 정보의 가용성(Availability)을 저해함
• 위조(Fabrication) : 사용자 인증과 관계되어 다른 송신자로부터 데이터가 온 것처럼 꾸미는 행위, 정보의 무결성(Integrity)을 저해함

20 ③

ASCII 코드
• 미국 표준 코드로 3개의 존 비트와 4개의 디지트 비트로 구성되며 128가지의 표현이 가능함
• 일반 PC용 컴퓨터 및 데이터 통신용 코드로 사용되며 대소문자 구별이 가능함

2과목 스프레드시트 일반

21 ①

Ctrl + E : 빠른 채우기

오답 피하기

• Ctrl + F : 찾기
• Ctrl + T : 표 만들기
• Ctrl + Shift + L : 자동 필터

22 ①

'날짜 필터' 목록에서 필터링 기준으로 사용할 요일은 지원되지 않음

23 ②

[검색]에서 행 방향을 우선하여 찾을 것인지 열 방향을 우선하여 찾을 것인지를 지정할 수 있음

오답 피하기

[범위]에서는 찾을 범위를 '시트, 통합 문서' 중에서 선택할 수 있음

24 ②

• ①, ③, ④의 값은 '터활용', ②의 값은 '터활'이라고 표시됨
• MID(C1,3,2) : [C1] 셀의 내용('컴퓨터활용')에서 왼쪽에서 세 번째('터')부터 두 개의 문자('터활')를 표시함

오답 피하기

• ① : [B1] 셀의 내용('터활용')에서 왼쪽에서 두 자리('터활')를 가져온 후 [E2] 셀('용')을 결합
• ③ : [C1] 셀의 내용('컴퓨터활용')에서 오른쪽에서 세 자리('터활용')를 추출함
• ④ : [C2] 셀의 내용('터'), [D2] 셀의 내용('활'), [E2] 셀의 내용('용')을 결합

25 ④

평균, 개수, 숫자 셀 수, 최소값, 최대값, 합계를 구해 주며 표준 편차는 지원되지 않음

✓ 평균(A)	5.5
✓ 개수(C)	10
✓ 숫자 셀 수(T)	10
✓ 최소값(I)	1
✓ 최대값(X)	10
✓ 합계(S)	55

26 ③

다른 시트의 셀 주소를 참조할 때 시트 이름은 따옴표('')로 표시하고 시트 이름과 셀 주소는 ! 기호로 구분해서 표시함

27 ③

원형 차트 : 데이터 계열을 구성하는 항목을 항목 합계에 대한 크기 비율로 표시하는 차트

오답 피하기

• 방사형 : 계열별로 선으로 이어서 표시하는 차트
• 주식형 : 고가, 저가, 종가를 표시하는 차트
• 표면형 : 두 데이터 집합에서 최적의 조합을 찾을 때 사용하는 차트

28 ③

[눈금선] 항목을 선택하여 체크 표시하면 작업 시트의 셀 구분선이 인쇄됨

29 ③

일정 범위 내에 동일한 데이터를 한 번에 입력하려면 범위를 지정하여 데이터를 입력한 후 바로 이어서 Ctrl + Enter 를 누름

오답 피하기

Shift + Enter : 윗 행으로 이동

30 ②

데이터 표
- 워크시트에서 특정 데이터를 변화시켜 수식의 결과가 어떻게 변하는지 보여주는 셀 범위를 데이터 표라고 함
- 데이터 표 기능을 통해 입력된 셀의 일부분만 수정하거나 삭제할 수 없음

31 ②

=VLOOKUP(22,A1:D5,3) : 셀 영역(A1:D5)에서 찾을 값인 22와 가까운 근사값을 찾은 후 해당 셀 위치에서 3번째 열에 있는 값을 구함 → 1.27

오답 피하기

- =VLOOKUP(찾을 값, 셀 범위 또는 배열, 열 번호, 찾을 방법) : 셀 범위나 배열에서 찾을 값에 해당하는 행을 찾은 후 열 번호에 해당하는 셀의 값을 구함
- =HLOOKUP(찾을 값, 셀 범위 또는 배열, 행 번호, 찾을 방법) : 셀 범위나 배열에서 찾을 값에 해당하는 열을 찾은 후 행 번호에 해당하는 셀의 값을 구함
- =INDEX(셀 범위나 배열, 행 번호, 열 번호) : 특정한 셀 범위나 배열에서 행 번호와 열 번호에 해당하는 데이터를 구함

32 ②

셀의 데이터를 삭제하면 윗주도 함께 사라짐

오답 피하기

- ① : 윗주의 서식은 내용 전체에 대해 서식을 변경할 수 있음
- ③ : 문자 데이터에만 윗주를 표시할 수 있음
- ④ : 윗주 필드 표시는 인쇄 미리 보기에서 표시되고 인쇄할 때도 같이 인쇄됨

33 ①

Alt + M 를 누르면 [수식] 탭이 선택됨

34 ④

[데이터 유효성] 기능의 오류 메시지 스타일에는 [경고], [중지], [정보]처럼 세 가지 스타일만 지원됨

35 ②

#NAME? : 함수 이름이나 정의되지 않은 셀 이름을 사용한 경우, 수식에 잘못된 문자열을 지정하여 사용한 경우

오답 피하기

- #N/A : 수식에서 잘못된 값으로 연산을 시도한 경우, 찾기 함수에서 결과값을 찾지 못한 경우
- #NULL! : 교점 연산자(공백)를 사용했을 때 교차 지점을 찾지 못한 경우
- #VALUE! : 수치를 사용해야 할 장소에 다른 데이터를 사용하거나 함수의 인수로 잘못된 값을 사용한 경우

36 ③

복합 조건(AND, OR 결합)
- AND(그리고, 이면서) : 첫 행에 필드명(국사, 영어, 평균)을 나란히 입력하고, 다음 행에 첫 조건()>=80, >=85)을 나란히 입력함
- OR(또는, 이거나) : 다른 행에 두 번째 조건()>=85)을 입력함
- 따라서, 국사가 80 이상이면서(AND) 영어가 85 이상이거나(OR), 평균이 85 이상인 경우가 됨

37 ①

Microsoft Excel은 기본적으로 1900 날짜 체계를 사용하며 1900년 1월 1일이 일련 번호 1이 됨

오답 피하기

- ② : 슬래시(/)나 하이픈(−)으로 구분하며 점(.)은 해당하지 않음
- ③ : 수식에서 날짜 데이터를 직접 입력할 때에는 큰따옴표("")로 묶어서 입력함
- ④ : Ctrl + ; 을 누르면 오늘 날짜가 입력됨

38 ②

- TODAY( ) : 현재 컴퓨터 시스템의 날짜를 반환
- DATE(연,월,일) : 연, 월, 일에 해당하는 날짜 데이터 반환
- ② =TODAY( )−DATE(1989,6,3) : 오늘 날짜까지의 근속 일수를 구함

39 ①

계열 겹치기 수치를 양수로 지정하면 데이터 계열 사이가 겹쳐짐

40 ③

사용자 지정 계산과 수식을 만들 수 없음

MEMO

MEMO

자격증은 이기적!

합격입니다.

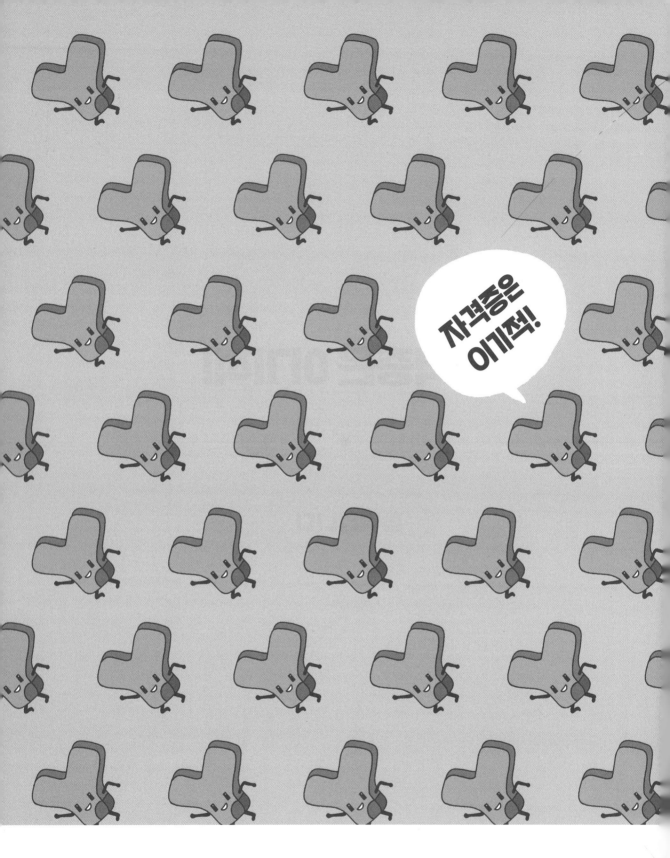